日本国情解读系列

日本商务

——现代日本企业是如何以营的？

（第二版）

[日]三和 元　主编

[日]云 大津　翻译监修

南开大学出版社

天 津

图书在版编目(CIP)数据

日本商务：现代日本企业是如何经营的？/（日）三和元主编；（日）云大津译．—2版．—天津：南开大学出版社，2015.9

（日本国情解读系列）

ISBN 978-7-310-04909-7

Ⅰ.①日… Ⅱ.①三… ②云… Ⅲ.①企业管理—经验—日本 Ⅳ.①F279.313.3

中国版本图书馆CIP数据核字(2015)第206808号

南开大学出版社出版发行

出版人：孙克强

地址：天津市南开区卫津路94号　　邮政编码：300071

营销部电话：(022)23508339　23500755

营销部传真：(022)23508542　　邮购部电话：(022)23502200

*

天津泰宇印务有限公司印刷

全国各地新华书店经销

*

2015年9月第2版　　2015年9月第1次印刷

210×148毫米　32开本　7.625印张　212千字

定价：25.00元

如遇图书印装质量问题，请与本社营销部联系调换，电话：(022)23507125

编者序言

中国和日本的经济关系正迎来一个持续发展的时代，加深两国国民特别是年轻一代之间的相互理解日益重要。中日两国研究人员因时而宜地共同编写了这部介绍日本商务的教材，藉此谨表庆贺之意。

日本的企业和企业环境的特征可以概括为“日本式经营”，本书以企业的历史、企业与法、企业的经营、案例分析四编为主轴，这种结构安排有助于对该知识点的理解。

我们还特别留意了本书涉及的内容是否为最新的。

进入 21 世纪以来，为应对新的经济环境，日本对与企业相关的法律体系进行了较大的修改。以往商法中有关企业的相关条款自 2006 年起作为独立的企业法开始施行。与此同时，企业形态的区分正在发生变化，公司治理结构也在更新。另外，伴随着新企业法的施行，企业计算规则也进行了修改，财务诸表也有变化，对企业的破产和重组也出台了相关新法规。

我们再把目光转向现实中的企业，金融机构的重组、公有企业的民营化、旨在强化事业基础的企业合并，日本企业正在经历着一个个重大的转变。曾一度被奉为日本企业竞争力之源的“日本式经营”，也正在对其雇佣形态和薪金形态展开新的探索。

日本企业及其环境在多方面正处于一个变革期。我们确信本书及时地记载了这些变化。当然，这些变化今后还会继续下去。但从经济法和企业法角度来看，本书中介绍的新法规必将在一段时期内发挥出相应的法律法规作用。

本书对最新的日本商务进行了简明的记述，我们相信它一定会对那些研究日本经济及企业的中国学生们提供颇多帮助，同时我们也期待着本书能有益于促进中日两国的相互理解。

2006 年 7 月

南开大学商学院院长　　李维安
南开大学日本研究院院长　　杨栋梁
东京大学名誉教授　　原　朗
青山学院大学名誉教授　　三和良一

前　言

本书主要面向同时学习经济、经营和日语的学生。此外专攻经济及经营的学生亦可使用该教材。迄今，有关日本经济和日本经营的著作和译作颇多，但由日中两国经济及经营方面的研究人员共同执笔为中国学生编写的日本商务教材，本书尚属首部。本书针对以往相关译作中说明不充分的内容加以补充，并且对日本企业的最新情况及其法制环境予以简明扼要地解说。

本书使用日语出版，考虑到其中涉及诸多经济和经营方面的专业用语可能是学生理解的难点，为此，南开大学出版社同时发行本书的中文版本。谨希望学习日语的同学在阅读日文版本之后，再读中文版本以加深对知识的理解。亦希望通过阅读日中两种版本，不仅局限于经济和经营用语的学习，同时培养日语和中文的互译能力。

若本书能对各位读者在学习和理解日本经济经营方面有所裨益，则为幸甚。

2006 年 7 月

执笔人代表　三和元

翻译监修序言

本书为三和元主编《日本商务》(南开大学出版社，2006 年，日文版)的中文翻译本。本书的翻译得到了众多人员的协助。作为翻译监修者，在校对修改过程中，注意到了关于经济或经营专用语翻译的正确性、译文和原文是否存在意思上的出入这两点。因多人参与翻译，难免出现各章或各节间的文体有异现象，但全文基本保持了文体的易读性。此外，翻译稿还邀请了本书顾问南开大学商学院院长李维安教授和南开大学日本研究院院长杨栋梁教授过目。当然，在译文中所出现的一切遗漏和错误都是监修者的责任。

本书是主编者热情工作和有关人员积极配合的成果。虽然本书的读者设定于“研究日本”的中国学生，但是，对关心“企业经营”或对“日本”感兴趣的各阶层人士也是最适宜的读物。而且，本书具有对日本企业的各个侧面、各个行业的“过去”和“现在”做了通俗易懂概括的特点，从具备最新的日本事宜的基础知识这一角度看，相信本书对研究人员来说也是有参考价值的。今后希望有更多适宜广泛读者阅读的介绍日本的书籍问世。

衷心感谢各位翻译译者和有关人员对本书翻译和出版工作的支持和帮助！中文翻译分担情况如下所记。

〈序章〉/〈企业的历史〉/〈企业与法〉第 7、8 项/〈企业的经营〉第 4 项/〈案例学习〉第 8 项

南开大学日本研究院　　龚　娜

〈企业与法〉第 1、2、3、5、6 项

天津外国语大学　　闫美芳

〈企业与法〉第 4 项/〈企业的经营〉第 1、2 项

日本国际协力机构中华人民共和国事务所　　魏　然

〈企业的经营〉第 3、5 项/〈案例学习〉第 1 项

南开大学日本研究院　　张玉来

〈企业的经营〉第 6、7、8、9、10 项

济南大学　　欧阳丹

〈企业的经营〉第 11、13 项/〈案例学习〉第 5、6 项/〈终章〉

中国安全生产科学研究院　　周书林

〈企业的经营〉第 12、14 项/〈案例学习〉第 7 项

海南大学社会科学研究中心　云大津

〈案例学习〉第 2、3、4 项

天津外国语大学　　刘泽军

2007 年 5 月

翻译监修者　云大津

目　录

序章 什么是日本式经营？

日本的企业经营与欧美企业相比较有哪些特征？

日本式经营的评价

日本从1955年到1970年实现了年均增长率为10%左右的高速经济增长。但是，由于1971年的美元危机和1973年的石油危机，日元升值以及原油价格上涨接踵而来。在70年代，经济增长率下滑到5%左右，日本经济进入了稳定增长时期。世界经济在70年代也出现了停滞现象，各个发达国家都进入了经济的低增长时代，正是这个时候“日本式经营”开始受到了关注。在经济低增长时期，日本与其他国家相比，持续相对较高的经济增长，那是日本企业发挥了强有力的国际竞争力向世界市场扩大出口的结果，而其竞争力的源泉被认为在于“日本式经营”。

1979年，哈佛大学的伯盖鲁(E. Vogel)教授，在题为《日本第一》(Japan as Number One)的著作中一边分析了日本的经济、社会、政治结构的高效运作，一边向世界介绍了日本式经营的长处。伯盖鲁教授指出“日本的劳动者对企业忠心耿耿，对工作怀有强烈的自豪感，这是他们能够生产出便宜而且高质量产品的源泉”，他还报告说“在美国发展的日本企业采用了日本式经营方法，其结果是短短几年内在日本企业的美国的劳动者对公司的忠诚度远远强过其它美国企业的劳动者们”。

此后，在80年代，论述日本式经营的论著接连不断地出版，受到全世界的关注。但是，到了1990年，日本经济陷入了持续长久的不景气停滞之中，这时有人提出了日本经济停滞的原因在于日本式经营的看法，并开始指出为回到适合市场经济的经济增长轨道上，必须改变日本式经营的建议。

对日本式经营的评价是如此大起大落，那么这种经营方式到底具有怎样的特征呢？

日本式经营—公司主义

企业是追求利益的组织，既然在某国或地区进行企业活动，自然要适应当地企业环境，开展有特色的经营。作为企业环境，国民及民族共有的社会价值意识有着很大的影响力。企业也是由人组成的，因为是进行以人为对象的经济活动，所以被价值观约束也是理所当然。

关于日本，通常认为与欧美的个人主义不同，是以集团主义为特征的。比如说，对"企业是谁的？"这个问题，一般认为，归出资者（股东）所有是欧美式的回答，而企业是有关全体人员（出资者、经营者、工作人员）的则是日本式的答案*。

* 在日本，常常使用"我（们）公司"或者"咱（们）公司"这样的词，这是"公司是我们的"这种意识的反应。即使在股东大会，社长也说"我（们）公司 Our Company"，而在欧美普遍都说"诸位的公司 Your Company"。所谓"社员"这个词在公司法中也有出资者的意思，据说在日本，当时最大的纺织公司"钟渊纺织"的社长武藤山治（1867—1934），最早开始称呼工作人员为"社员"，之后"社员"就成为平常的用语了。

而且，在日本企业并不推崇业绩主义，而是以平等主义为特征的；并不采用根据经营者和工作人员的个人能力及业绩来决定报酬和薪金的评价系统，而通常的做法是按照企业的业绩将成果分配给所有员工*。其结果是，日本企业的经营者和工作人员、工作人员之间的所得差比欧美企业要小很多。比起追求个人成果，经营者和工作人员，更注重提高作为集团的公司整体成果并以此为目标，这是日本式经营的最大特征。

* 大企业工作人员的工资体系被称为年功序列型工资制度，其基本特征是初次任职的薪金低，每年定期涨工资，工作年限越长工资越高。在欧美，事务职（白领）采用能力薪水，现场职（蓝领）按照职业种类和能力来决定薪水，升职加薪是普遍现象。在日本，近来也出现了根据能力和业绩增加薪金的情况，但是年功序列制的工资体系仍是日本式经营的特征之一。

或者可以说，在日本比起短期效果企业更倾向于注重中长期效果。被称作终身雇佣制的雇佣关系就是其中的一个例子。比起不断向薪水高的公司跳槽提高眼前所得，劳动者更多选择在就职的企业长期工作，以提高终身所得。这是以年功序列制工资体系为前提时的合理选择。企业没有特殊缘故不解雇员工*。终身雇佣制是日本式经营的另一个特征。终身雇佣制和年功序列制工资体系的存在，将公司长期性的繁荣和自己的利益结合起来，所以工作人员"对公司的忠诚心"就会加强**。

* 在以棉纺业和丝绸业等轻工业为中心的时代，与职员不同，现场劳动者实行计件工资制、雇佣合同也是短期的。到了第一次世界大战后的重化学工业时代，因需要保证拥有一定熟练技能的劳动者，所以出现了长期雇佣关系，形成了与其相适应的年功工资制度。

** 终身雇佣制和年功序列型工资体系，加上企业工会被称为日本劳资关系的"三种神器"(三大特征)。与职能工会、产业工会不同，一旦组织了企业工会，就能限制超出企业业绩及工资支付能力的工资上涨要求。因此企业选择目前的低工资来维持雇佣，以期待将来工资上涨。

重视中长期成果的另一个例子，是被称之为"长期相对取引(特定双方的长期交易)"的企业与企业之间的关系。企业在购入原材料和零件的时候，一般认为每次都和最低价格的卖方签订合同是合理的，但是在日本，经过长期合作特别指定买卖双方，每次通过双方商量决定合同条件的情况比较多。在金融方面，银行和企业保持长期的融资关系，企业将特定金融机构作为自己的主银行(主银行制度)的做法很普遍。交易双方一旦形成相互信赖关系，在缩小信用调查成本以及违约风险方面，这种长期的指定合作方式具有一定的合理性。

进一步讲，日本的经营者，比起提高短期的企业业绩更重视选择企业的中长期成长的经营战略。这与重视红利和股价的股东力量强大的欧美企业不同，因为在日本企业中大多数大企业间互相持股成为相互的稳定大股东，他们对短期利益分配的要求并不强烈，这有利于将利益投入扩大再生产及设定企业长期成长的目标*。而且，这也是回应终身雇员的期待的战略。

*　欧美的经营者，在多个企业供职磨练能力这种类型是具有代表性的，如果不能提高企业业绩就可能会被股东解聘。在日本，多数情况是从雇佣的员工当中，选出有能力的人作为企业的经营者加以聘用。

也有学者把这种日本式经营的特征称为“公司主义”。在“公司主义”下，经营者和工作人员，可以说都会“为了公司”倾尽全力，所以日本企业的竞争能力极强。

但是，到了 20 世纪 90 年代，日本经济进入了长期不景气的状态，“公司主义”的缺陷就明显地显露出来。拥有过剩工作人员的企业，开始感觉到终身雇佣是一种脚镣，年功序列工资制也被看作是一种即使生产率没有得到提高工资成本也在不断攀升的工资体制。也许，在 IT 革命时代，引入按能力决定工资的体系，更能促进新技术的开发，这种意见更有说服力。这样，一部分企业开始重新评估日本式经营。但是，由于工作人员失去了忠诚心而导致恶果的情况也时有发生，所以判断日本式经营是否合适还为期过早。

日本式经营—日本式生产方式

在日本式经营中，也包含着被称之为日本式生产方式的日本开创的生产方式用语。

日本式生产方式包括很多内容，工作人员参加型的生产管理、品质管理系统和生产工程的库存最小化生产管理、库存管理系统，这两个系统是其两大支柱。

在企业的生产率和产品的品质方面，工厂的技术人员负有全责，现场的工作人员按照技术人员的指示进行规定操作就可以，这是欧美式管理方式的基础。在日本，包括技术人员在内的全体现场工作人员一起参加思考如何提高生产率、能否控制和减少不良产品产生，并设有其提案组织。包括每个工作岗位的小集团、小组，不断讨论努力“改善”，形成了全体员工参与生产管理的结构，可以说自发性地实现了提高生产率和高度的质量管理*。

*　为此，要求劳动者拥有与生产流程相关的广泛的知识和技能。例如，为了判断上一工序送来的产品是否是次品，就必须要了解前一工

序的操作内容，并且具备能自己完成简单的补正工作能力为佳。通过有计划地轮换工作岗位，经历多通工序的轮换(Job Rotation)，实行培养多面能手的在职培训制度(OJT, on the Job Training)。

像汽车和家电产品这样的组装产业，生产过程中零件的适当供给非常重要。虽然在各工序旁堆满零件可以保证供给，但是用不到的部分会造成库存积压导致效率低下。特别是在同一个组装生产线生产多种机型的情况下，必要的零件种类自然会增加，如果增加库存的话就需要更多的地方放置零件，这不便于操作。理想的做法是适时适量地供给零件。因此，某工序使用了零件的信息及时发送到工厂内的零件生产部门和外部的零件生产公司，这样建立起了准确的补充零部件的系统。“看板方式”或“准时制生产方式”(Just in Time)的方式就是这样的系统。因为这是丰田汽车公司开发出来的，所以被命名为“丰田方式”。同时因在工厂内只留下必须的最小限额的零件库存，是彻底杜绝浪费的方式，在欧美也被称为“精益生产方式”(Lean Production System)。

竞争与协调—政府的管制政策

市场经济是企业开展自由竞争的场所，但是对于竞争，企业的态度因国家不同而有所差别。人们常常一概而论地说到欧美企业，但是美国和英国的企业通常进行的是彻底竞争，与此相对，欧洲企业在竞争的同时也有谋求协调的倾向*。

* 据说盎格鲁撒克逊人(英美)企业，是不辞进行打败对方为止的竞争(Cut Throat Competition)，而欧洲企业选择“共存共荣”(Live and Let Live)的道路。

可以说日本的企业更倾向于选择协调行动。虽然像协定价格这样的行为被禁止垄断法所禁止，但是像公共事业这样可以连续订货的土木、建设工程，常常出现被称为“商议”的违法事件。一般来说，工程的承包是通过承包商投标来决定的，但相关企业往往事先商量决定承包商，而其他公司则以较高的投标价格参加投标。这种行为虽然也违反了禁止垄断法，但是已成了很难消除的惯例。

政府有时也会采取抑制企业竞争和促进企业间协调的政策。如对金融机构在某一时期内所实施的政策就被称为“护送船队方式”。政府规定利息和分店的开设，抑制竞争，像这样让即使经营基础很差的企业也能够存活下来的政策是在为了金融机构安定的名义下采用的。在其他方面，只允许在政府规定的框架内进行竞争的规定措施有很多，也有研究者将其命名为“被隔开的竞争（部分竞争）”。

这样的政府产业政策，形成了日本式经营特征的一部分，这一点也是不可忽略的。为此，90 年代，废除、缓和政府限制，促进企业间竞争，使其恢复经济增长力的运动高涨起来。

本书的课题

日本的企业经营，有如上所述的各种特征。这些特征现在正在发生变化，今后也许会出现新的日本式经营。

本书以理解日本企业经营的现状为目标，并学习近代企业的历史、企业所处的法律环境和企业经营的各个侧面。最后，对具有代表性的日本企业作了实例研究。

第一章　企业的历史

1、经济和企业

在经济的历史中，近代式的企业具有怎样的特征呢？

经济的历史

人要生存，必须消费以食品和衣服为首的各种各样的东西。但是，为了消费，首先必须生产。自己不能生产的东西，必须通过和其他人进行交换来获得。像这样，生产、交换、消费等，被称为经济。

回顾人们是如何从事经济生活的话，就会明白不同的时代具有很大的差异。在原始时代，通过狩猎野生动物和采集野生植物来获取食品和衣服，其后不久开始了饲养野生动物的畜牧、游牧以及从野生植物中选择栽培种子进行品种改良的农耕生产。以农业为基础的时代持续了很久，经过产业革命*，迎来了以工业为基础的时代。

* 产业革命是指18世纪后期至19世纪前期之间在英国发生的大规模的技术革命。在棉纺工业，发明了纺纱、织布用的机械，在煤炭业所发明的蒸汽机作为机械动力被采用，这样出现了近代式的机械。利用机械生产，和至今为止利用工具所进行的生产相比，人们所需要的工作熟练程度降低了，而生产率则大幅度得到提高。随着从利用工具的手工业向机械制造大工业转变的发展，开始了工业化的时代。

古代，人们过着大部分必需品都由自己生产的自给自足的生活。自己不能生产的东西，比如说，受产地限制的食盐、铁等，则通过交换取得。交换行为逐渐增加，产品的交换也从直接的物物交换发展到利用货币作为中介的交换进行商品买卖。从自给自足的经济到以货币为媒介进行交易的商品经济，经济的结构逐渐发生了变化。

近代社会是商品经济高度发达的社会。作为调节近代社会的结构，大体可分为，计划经济和自由（市场）经济。政府预测一定期间内的需求，然后制定相应的供给计划，并指示生产者生产，这就是计划经济。生产者自由进行生产，通过市场对需求和供给进行调节的是自由经济或市场经济*。在历史上，出现了计划经济和市场经济等各种组合的经济体制。

*　市场调节需求和供给，往往伴随着以下的变化进行。①对于某一商品来说，需求大于供给时价格就会上涨。②价格的上升使生产者的利润增大。③对利润大的商品生产的资金投入增加。④其结果是，供给增加了，供求关系随之均衡（相反，和需求相比供给过大时，发生价格下跌，利润减少，资金投入减少，生产缩小的变化，促进供求均衡）。

作为市场经济典型的经济体制是资本主义。在欧洲封建制中，商品经济逐渐发达，经过被称为市民革命*的体制变革和产业革命，确立了资本主义。资本主义是资本家以获得利润为目的，以雇佣工人生产和流通为主导的体制。把获得利润作为目的的经济活动。从古代开始，商人或放债人、高利贷者就在进行这种活动。但是，雇佣工人进行生产而获取利润这样的活动，是只有近代才出现的特征。

*　通过英国革命（1640～1660年）和法国大革命（1789～1799年）等市民革命（资产阶级革命），封建制度被废除，个人的人格自由得以确立。同时，经济活动的自由也得以保障，商品经济发达的条件得到改善。

一般把为获得利润为目的所使用的资金称为“资本”。“资本”有三种形态，通过流通获得利润的商业资本，通过资金流通产生利息的借贷资本，还有从生产活动中取得利润的产业资本。利润和利息的来源是新创造出来的价值、剩余价值*，而剩余价值是从生产活动中产生的，所以可以说近代的资本主义是以产业资本为基础的经济体制。

*　价值的源泉在人们的劳动中存在的劳动价值学说，经历了史密斯（1723－1790年），里卡多（D. Rcardo 1772－1823年），通过马克思（K. Marx 1818－1883年）而确立。对于资本的利润，马克思经济学

指出，剩余劳动创造出剩余价值；而近代经济学的定义是，劳动和资本的活动创造了附加价值，它分为工资和利润两大部分。

近代企业的特征

企业 enterprise 这个词，到了近代才被使用。一般把以获得利润为目的而进行的经济活动的主体称为企业*，从这个意义上讲，古代的商人、放债人、高利贷者也可以看作是企业。那么，古代、中世的企业和近代企业的不同是什么呢？

* 区别于公共利益目的的政府等经营的公营（国营）企业，把追求利润为目的的企业称为私营企业。

古代和中世纪的商人，利用不同地区存在商品价格的差异能够获得利润*。但是，随着商人活动的活跃及商品流通量的增加，逐渐缩小地区间的价格差异，通过这种商业行为获得利润变得越来越困难。为此，他们商定商品的价格，或接受政治权力的保护，尽可能地独占商品交易**。这样，阻碍了自由市场经济的发展。

* 古代，常常发生伪造商品质量，高价出售次品的欺骗性的不正当交易，或销售掠夺来的商品以获取利益的行为。希腊神话中的神赫尔墨斯，是商业的保护神。同时，又是以盗窃之神，这种解释反映了古代商人的情况。

** 古代、中世，被称为基尔特（行会）或"株仲间"（股东伙伴，行会）的同业工会的结成，独占掌权者所授予的特权、特许证的商品交易的事例很常见。

在自由进行商品交易时能够获得利润的商业资本，正是近代的企业特征。近代的商业资本，即使没有地区间的价格差也能通过商品买卖获得利润，这是因为，它以比市场交易价格便宜的价格买进商品。生产商品的企业，如果是自己销售产品，那么必须准备店铺、雇佣店员、做广告宣传等，承担因为流通而需要的投资和经费。如果以扣除那部分流通费用后的价格销售产品，也能获得利润的话，那么生产企业就把产品低价格批量卖给商业企业。商业企业如果高效率地销售商品以节约流通费用，也能获得利润。

近代以前的放债人、高利贷者也是以利润为目的的，所以也是企业。但是，如果借钱给生活资金困难的人们，从中取得高利息的话，这些人会更加贫困，失去家财（家族的财产）而衰败。这种情况很多。借钱者（对方）如果衰败的话，就很难稳定获得利息。同样是获取利息的企业，如近代的银行等，把社会上的闲置资金当作存款集中起来借给产业作资本，以增加社会全体的剩余价值量，从中取得一部分作为利息，所以能够稳定经营下去。

那么，产业资本，为什么能够稳定地获得利润呢？人的劳动产生价值，所以即使是近代以前的社会，人们通过劳动而得到利益的行为很普遍*。

* 比如说，在封建社会，领主阶级奴役农民，收取年贡（封建地租）。从农民生产的产品中，用权力榨取超出农民的生活和第二年生产所必需的东西（必要生产品）的一部分（剩余生产品）。封建领主用武力或传统的力量，在人身上统治农民，夺走其移动、迁居的自由，强制生产成为年贡的剩余产品的剩余劳动。

产业资本也是取得劳动者剩余劳动的产品作为利润的，从广义上讲，也可以说是榨取劳动者。但是，资本家、企业并不是在人身上统治劳动者。资本家、企业雇佣劳动者，这可以看作是劳动者出卖劳动力，资本家、企业购买这种商品，也可以看成是一种商品买卖。劳动力这种商品，如果以适当的价格被买卖，形式上可以说是公平的交易*。

* 商品的价格是以生产此产品时所必要的费用，并在生产费用的基础上加上利润的生产价格作为基准的。劳动力的生产费用是指劳动者进行日常生活，培育自己儿女的费用，所以一般就是生活费。劳动者，并不是以追求利润为目的而出卖劳动力的，因而如果能够得到生活费就出卖劳动力。如果支付了与生产费用相当的工资，那么可以说劳动力商品是以合理价格被买卖了。

购买了劳动力的资本家、企业，按照雇佣合同让劳动者工作。不过，如果让劳动者付出超过与自己工资相称的劳动（为了维持工人生活的必要劳动）的话，资本家、企业就能够取得超出的那部分劳动，即剩余劳动。也就是说，使用所购买的劳动力，通过使之付出超过购买价格的剩余劳动，就可从中得到利润。这和封建领主用人身上的强制措施榨取农民的剩余劳动有所不同，从近代的法律制度看，这是通过形式上公平的商品交易，合法地使剩余劳动作为利润进入资本家、企业的手中。近代以前的榨取凭借权力强制实行，存在着不公正性，或是不合理性。这样，就无法保证长期持续下去。而近代的榨取，有形式上公平交易的结果出现，具有合理性，那么产业资本也就能够稳定地获得利润。

产业资本获得利润、剩余价值，而其中一部分分配到商业资本和借贷资本中去，确立了这样的资本主义体制，所以很久以前就存在的以利润为目的企业，就成为了近代性的企业。

日本企业的历史

在日本的历史中，产品的交换，是从绳文时代（西历公元前 1 万年～400 年）的初期开始进行的。在本州只有长野县等特定的地方可以开采黑曜石，以这种黑曜石作为素材的石器，在离产地很远的地方也被发现，这表明了黑曜石曾经在绳文人的村落之间流通（的情况）。有记载，虽然从很早开始，在大道交叉的地方，就出现了市。但是，生产者之间的物物交换很多，出现专门的商人是从古代国家（西历 6 世纪～）开始的*。

* 都城（藤原京，平城京，平安京）设置了官营的市，由被称作市人的公认的商人进行买卖。穿梭于都城与地方运送特产品经商的商人来到市里。在都城里也可以看到把农、水产品放在篮子里沿街叫卖的行走商人的身影。这些古代的商人也把利润作为目的，所以可以称为早期的企业。

取得利息也是从古代开始的，用被称为出举的办法实行。据说开始时，政府借给农民稻种，（让他们）在秋天收获时以 2 倍偿还，这是以财政收入作为目的。但是不久，贵族和寺院、神社也出借给农民，进行私人出举。把进行私人出举的贵族和寺院、神社称为企业是不恰当的，不过镰仓时代（12～14 世纪）出现了“借上”这种放债、高利贷型企业。

15～16 世纪，日本和中国（明朝）进行贸易，出现了以大名和大寺院名义运营贸易船而获得巨额利润的大商人。被政府（室町幕府）禁止的走私贸易也很盛行，其中，也有在中国和朝鲜沿岸进行掠夺，作为倭寇（日本海盗）的可怕的走私贸易商人。16世纪，日本人渡海到东亚各地经营贸易和商业，可以说这是日本最初的全球化时代。

到了江户时代（1603～1867年），采取了所谓的锁国政策，海外贸易方面，只允许和中国、朝鲜和荷兰作为贸易国家，交易地点限制在九州的长崎，即只允许进行管理贸易。16世纪出现的贸易商人发展的道路被关闭，只能发展国内商业。

没有战争的和平时代持续了约260年，所以国内的商品经济变得非常发达，以利润为目的而进行活动的企业也（增）成长了。进行各种各样商品买卖的商人们，在都市中搭建店铺，建立起被称为"株仲间"的同业组织，在幕府和大名的保护下进行一种垄断经营。出借货币取得利息的兑换商也成立了株仲间。或者，地方的特产物盐、纸、蜡、砂糖、棉花等作为幕府、大名的专卖品，设置了只有被给予特权的商人才准许买卖的专卖品制度。

这些城市的商人、兑换商和特权商人虽说是企业经营者，但是为了获得利润，他们勾结政治权力阻碍了商品的自由流通，妨碍了自由经济活动。因此，不能称为近代性质企业的先驱。

德川幕府被推翻，诞生了明治政府，经过称为明治维新的大变革，日本从封建社会走向近代社会。士农工商的等级制度被废除以及对农民和手工业者的封建性限制被取消后，日本进入了一个能自由进行经济活动的时代。从明治时代（1868～1912年）之后，在西欧资本主义的影响下，日本的近代化企业开始发展起来。

2、近代企业的发展历程

代表近代企业的股份公司是怎样发展而来的呢？

从个人企业到公司

以盈利为目的进行经济活动的企业，采取了各种各样经营的形式。早些时候，一般是个人与家族一起经营个人企业。个人企业是通过利用个人和同族所出资金获取利润，并将其利润再投入事业以谋求更大利润为目标而进行经营的。也就是具有依靠同族的财富、自己资本经营事业的特征*。

* 如15、16世纪德国富豪富格尔家族(Fugger)和18世纪登场直至今天的国际金融业者罗思柴尔德家族(Rotschild)那样，由极有才能的创业者开创了商业、金融业，而子孙和兄弟等同族的血统亲属继承其业，即依靠同族的财富和信用发展起来的事业属于个人企业。

与个人企业交易的人或企业，出自信赖同族的财力或经营者的才能，给付其商品和货币。也就是说个人和同族的信用支撑着个人企业的营业活动。如果个人企业经营失败，即使抛售个人和同族的全部财产，也必须偿还交易对方的债务。对于债务，承担以个人资产为限度，无限制偿还的责任，称为无限责任。个人企业是由承担无限责任的经营者经营的企业。

个人企业，准备扩大事业时，所需资金虽然可以从个人和同族的资产中拿出，但那也是有限的。如果打算筹措超过资产的资金则必须导入别人的资金。从外部筹措资金，有借款和出资两个办法。借款，是通常的负债，所以要支付利息，迟早必须偿还。出资，意味着参加企业的经营。出资者，在盈利的时候能够得到其分配，不过，如果经营出现赤字而发生债务时，也要担负起偿还责任。偿还责任，有无限责任和有限责任两种。无限责任的出资者，必须把个人资产的全部用于债务的偿还。如果是有限责任，只需承担偿还出资全额为限度，并不要求依据其他的个人资产进行偿还。

企业是由多个出资者经营的共同所有企业(企业一般可分为个人企业和共同所有企业)，具有代表性的是公司(Company)。出资者全体人员担负无限责任的公司，被称作为合股公司(Partnership)。其起源于中世纪的意大利，据说是几个继承人为了使父业在和以往一样的商号基础上共同经营而组织成的家族团体(Compagnia)。打算共同开创新的事业时，成立合股公司的情况也很多*。

* 工业革命时代，纺织机械的发明者阿克赖特(R. Arkwright 1732～1792年)和纺织品业者杰迪戴亚·斯特拉特(Jedediah Strutt

1726～1797)组成了合股关系，蒸气机的发明者瓦特(J. Watt 1736～1809 年)也和金属加工业者波尔顿成立了具有合股关系的波尔顿·瓦特商会，将新发明的生产企业化。

出资者(职员)，由无限责任公司职员和有限责任公司职员构成的公司，被称为合资公司(limited Partnership)。在合资公司，进行企业经营的是无限责任公司职员，有限责任公司职员，不直接参加经营，作为出资者以得到利润分配为目的*。

*　合资公司，据说是在10世纪前后的地中海贸易中，出资者们在每一次的航海中将其商品、货币、船舶等委托于进行贸易的商人，从而得到海外贸易的利益分配的持分出资(Commenda)合同中产生的。海外贸易，因需要巨额的资金，海难事故等风险很大，所以与其个人单独出资，不如采用多个出资者互相拿出资金的形式更加适合。

股份公司的发展

中世纪的持分出资，由实际进行贸易的商人承担无限责任。不久，出现了由只有有限责任的出资者(股东)构成的公司，股份公司(Joint－Stock Company(英)、Joint－Stock Corporation(美))。股份公司的起源，可以追溯到1555年被授予特许证书的英国、俄罗斯公司以及1600年成立的英国东印度公司、1602年的荷兰东印度公司等。

英国东印度公司，根据国王的特许证书被授予了和东印度进行贸易的特权。不过，据说开始时，每一次航海都要募集出资者，当时共同企业的性质比较突出。不久，持久性企业被认可，也确立了出资者(股东)的有限责任制，经营方针要在股东大会决定，这逐渐接近了近代股份公司的形式*。

*　出资是以1股50磅的购买股票形式，不过开始时，股东大会的表决权规定，股东1人1票，而不是1股1票。

在贸易以外，像矿山业这样需要大量资金的产业，也成立了股份公司。可是，在1720年前后，发生了对贸易公司发行股票的投机，因为事业不成功，股票价格暴跌引起经济恐慌这样的事件*。以此为契机，未得到国王和议会的特许禁止设立股份公司。

*　1718～1720 年,在巴黎和伦敦发生了股票热。在法国,授予与密西西比河流域贸易垄断特权的密西西比公司的股票成为投机的对象,在英国,授予中南美、西非、贸易开发特权的南海公司的股票骤涨。南海公司面额 100 磅的股票,顶峰时候暴涨到 1,050 磅,不过,1720 年末骤跌回落到 120 磅。这一事件被称为南海泡沫(South Sea Bubble)事件。

18 世纪欧洲各国,采取了成立股份公司的特许主义,不过进入 19 世纪后,这种限制条件逐渐放松。不久,若满足法律规定的条件,就可以自由成立股份公司,这样采用了成立准则主义。

日本企业的诞生

在日本,直到江户时代末期,尚未出现采用公司形式的联合企业。江户时代具有代表性的商人三井组,虽然是以老大家为中心共同运用了分家同族共有财产的一种联合企业,但那只是不接受外部出资的同族企业*。或者,在近江商人**中,也有依靠来自地方商人的出资和参加经营在地方开设店铺的形式,成立了联合企业的例子。另外也有其他联合企业的例子,不过,不能说广泛普及,一般的个人企业占多数。

*　布匹商、兑换商三井高利(1622－1694 年)的遗产,长子继承老大家,次子以下的 5 个男子成为第一代的 5 本家,长女的丈夫等成为第一代的 5 连家,成为三井 11 家的所有共同财产,事业由大元方这个统辖机关运营。

**　江户时代的成功商人,根据出生地被称为近江商人(现在的滋贺县)、伊势(现三重县)商人等,互相配合,互相活动。三井组,是伊势商人之一。

幕府末期,访问了欧美各国的人们,为了培育近代的产业,认识到从广泛的出资者聚集资金的公司制度的必要。1867 年,德川幕府要求商人们出资成立兵库商社,谋求依靠公司振兴贸易。不过,商人们对联合经营不感兴趣,成立仅半年便解体了。

1869 年,明治政府成立了发给出资者股票形式的公司,通商公司和汇兑公司。有限责任制尚未明示,也没有认可股票的自由转让,不过,这被称为日本股份公司的起点。商人们对联合经营很消极，这个公司结果以失败告终，也解散了。

明治政府为了让公司在尚未适应联合所有企业的日本生根发芽，出版了解说公司制度的书，涩泽荣一著的《立会略则》和福地源一郎著的《公司用语》，以谋求公司知识的普及。

1872 年国立银行条例以这个名称的制订促进了股份公司组织的国立银行的成立。虽然名义上是国立，但是这是民间股东出资的私立银行。以第一国立银行为首，相继设立了 152 个银行。虽然存在没有明确有限责任等不完备的地方，不过，这对促进日本股份公司的发展起到了很大作用。十九世纪八十年代后半期，以铁道和纺织为首的电力和海运等产业，陆续成立了股份公司。到 1889 年末，股份公司达到所有公司的半数多。

1893 年，商法的一部分被实行，制定了作为公司关于合股公司、合资公司、股份公司的设立规定，股份公司股东的有限责任制也被确立。并且，通过 1899 年的商法修订，股份公司的成立从特许主义改为准则主义，股份公司制度在法律上得以完备。

3、现代企业的特征

现代的大企业具有怎样的特征呢？

大企业的时代

在工业革命时代，个人企业和合股公司作为经济活动的主要旗手，在市场上展开自由竞争。不久，股份公司开始普及，规模大的企业得到发展。到 19 世纪末，在钢铁业等金属工业和煤炭业等矿山业中，大企业成为生产的核心承担者。

股份公司是适合大企业的企业形态。虽然是以发行固定面额的股票聚集资金，但股东是有限责任，明确了企业破产时的负担限度，所以股东可以放心出资。同时，股票可以转让，所以必要时能卖掉兑换为货币。通过股票的买卖可以自由地出资或收回资金，所以股份公司可以从大范围的货币所有者中聚集资金。

＊　在合股公司中，出资者必须承担无限责任，在中止出资时，还必须找到能一次性购买所持全部股票的新出资者。在英国，规模大的合股公司，共同经营者（出资者）退出时，因为无法找到新的出资者，所以转换为股份公司，这样的例子很多。

股份公司在扩大规模的时候，可以发行新股增加资本金（增资）。如果企业经营顺利，即使增发股票，基于能实现分红（利益的分配）的期待，将会出现承担新股的出资者＊。

＊　公司成立时的股东和新股的股东，作为最初的出资者，虽然相应地承担某种程度的危险性（风险）。不过，如果企业取得好的业绩，股票价格（股价）上涨时，由于比股票的认购价格（一般为面额价格）卖得高，所以能够获得利益。这种利益，被称作创业者获利。

企业为扩大规模，可合并其他企业。合股公司的情况下，如果没有准备好与出资全额相当的资金便不能收购对方企业。而股份公司，由于可以根据股东大会的表决合并企业，所以如果取得过半数的股票，便可以合并对方企业＊。因此，股份公司是容易进行企业合并的企业形态。

＊　如果取得过半数的股票，就能确定支配股东大会，不过在现实中，未必是所有的股东都行使表决权，所以一般来说，只要取得三分之一程度的股票便可以左右股东大会的表决。

垄断和垄断形态

大企业，由于拥有较高市场占有率（Market Share），有时会给商品和服务价格带来影响。这就是所谓垄断、寡头垄断的市场状态，其大企业被称作为垄断企业、垄断资本、寡头垄断企业＊。

＊　商品、服务的供给者是单一企业的话称为垄断，而几个大企业共同垄断市场时则区别于上述概念称之为寡头垄断，但一般两者都被称作垄断。

垄断的大企业，虽然也有能力单独决定商品、价格服务，不过他们常常会与其他的大企业共同形成支配市场价格的组织。设置供给价格，限制供给量，设立共同销售公司的共同行为，称为卡特尔（Kartell Cartel)或者普尔(Pool)。

*　在钢铁业,如果其他大企业追随最大的企业所设定的销售价格,其结果是,有可能维持一定的价格等,这被称为价格指导制(Price Leadership)或管理价格制(Administered Price)。

除了卡特尔以外,还有托拉斯(Trust)和康采恩(Konzern)等垄断形态。托拉斯是指根据企业合并产生的垄断性大企业,而康采恩则是在同一资本下经营不同产业领域的多个大企业的经营形态**。

*　托拉斯,最初在美国产生的时候,多个股份公司的股东,把股票信托给托拉斯公司,各自的公司形式上独立,但意味着依靠托拉斯公司进入联合经营之列。此后,因为制定了禁止托拉斯的谢尔曼法(Sherman Act,1890 年),所以开始采用依靠企业合并来形成大企业的方法,不过这也被称为托拉斯。

**　战前日本的财阀是康采恩的一种。

所有权和经营权的分离

股份公司的股东,有接受分红(利益的分配)的权利和参加股东大会表决的权利,并且在公司解散时有接受剩余资产分配的权利。初期的股份公司,持有大量股票的大股东,在股东大会上拥有强大发言权的同时,自己也成为董事等干部,参加公司经营,这种情况很多。

股份公司不断扩大,股东数量也随之增多,同时只把分红和股价上涨做为持股目的的股东也在增加。股东通过行使股东大会的表决权参与经营,如果随着不关心此事的股东的增加,那么大股东的发言权也会相应增加。这样,大股东就能够支配远远超过出资金额规模的企业。控股公司*(母公司)利用持有股票,把众多的大企业作为子公司收揽到其系列下形成康采恩,也是由于对经营不关心的股东增加和大股东的支配变得容易的缘故。

*　控股公司(Holding Company),是通过股票所有权来决定子公司的干部人事和经营方针,并以对子公司实行统一经营为目标的公司。

但是,如果企业规模扩大,在企业经营上经营者就必须具备专业知识和能力，而大股东通常作为经营者不能说就很合适。因此，接受过专业性教育、训练的人和具有企业经营才能的人成为董事来经营企业。这种情况在逐渐增加。他们即使没有很多的股票，也能成为企业经营者。

同时，如果发行股票的数量增多的话，在股东大会拥有强大发言权的大股东就会更少，多数股东以空白委任的形式把表决权委托给公司方面选任的委员（委任投票委员会）。经营者即使不是大股东，依据行使受委任的表决权，在股东大会使之采纳自己选择的经营方针也就成为可能。

并且，如果大股东从企业的创业者等个人，变为银行等金融机关及其他公司的话，大股东也不能直接参加经营，也变成分红等利益分配的期待者，他们把企业经营委托给专业经营者的倾向增强。

专业经营者进行企业经营，而股东则持有股票期待分红和股价上涨，这种状态被称为“所有权和经营权的分离”或“经营者支配”*。

* 伯利（A. Berle）和米恩斯（G. Means）在《近代股份公司与私有财产》（1932 年）中，实证分析了当时美国除金融公司以外的最大的 200 家公司，发现其中的 2/3 家公司由专业经营者控制，这作为资本主义的新特征而引起关注。美国的经营史学者钱德勒（A. Chandler），将 20 世纪的资本主义命名为经营者资本主义（Managerial Capitalism）。

股份公司，在 17 世纪出现之后，逐渐作为制度得到了充实和完备，并且推进了所有权和经营权的分离，这成为代表现代资本主义的大企业几乎都采用的企业形态。

日本的大企业

和欧美的资本主义各国相比，日本的近代化开始得很晚，但日本很早就开始发展了股份公司。比如说，棉纺织业在与英国等发达国家竞争的同时发展近代产业，一开始就必须建设相当大规模的工厂。而聚集大量的创业资金，股份公司是最适合的形态。为此，日本的近代产业，从开始就出现了比较大的股份公司。

比如，棉纺织业等被组成卡特尔，造纸业、制铁业等形成了托拉斯。同时，通过控股公司支配子公司的三井、三菱、住友等财阀也得到了发展。

在推进加速工业化的过程中，建立了大量的军工厂、钢铁厂、铁路、邮政、电话、存款、保险等政府直接经营的公营企业，这也是日本的特征。

第二次世界大战后，日本实施了财阀解体和排除经济过度集中等禁止垄断的政策，使脱离了财阀一族统治的大企业，进入到自由竞争的环境当中。战前个人股东很多，不过战后，金融机关和企业等法人股东的比率升高。为了防止通过垄断收购股票侵占企业情况的发生，企业盛行互相持有对方的股票，形成了互相持股关系。而法人股东增加，又进一步推进了经营权和所有权的分离，进而增强了经营者的企业支配力。一些学者把具有这些特征的日本资本主义称为法人资本主义。

进入 21 世纪，出现了解除互相持股关系的变化，股东监视经营者的企业治理(Corporate Governance)也开始受到了关注，同时推进了国营企业的民营化等。日本的大企业体制，现在正发生着巨大的变化。

4、企业的国际化

国际化时代的企业形态是什么样的呢？

国际化的进展

企业活动本来就具有跨越国界的性质。如本章第 1 小节所述，商人的利润是从市场间的价格差中产生，所以和国内边远地区外国的商品交易，是财富的源泉*。

* 关于 14 世纪末到 15 世纪初，担任伦敦市长的贸易商人惠廷顿·理查德(R. Whittington)的传说很有趣。理查德从乡下只带了一只猫来到伦敦，他将那只猫作为商品委托给贸易船。船到达的是一个老鼠很多而没有猫的国家，结果猫以高价卖出，理查德以其为本钱大获成功。这虽然是编造的故事，不过它很形象地描绘了市场间价格差带来财富的倒买倒卖商业的本质。

近代国家为了开展工业化，对进口商品实施高关税，或禁止外国商品的进口，采取保护本国企业的政策。最早进入工业革命发展近代工业的英国，主张自由贸易，想要扩大本国产品的出口。虽然也有国家因此降低关税，不过保护政策对于欠发达国家是很有必要的，这种主张也根深蒂固。企业活动出现了国境这个壁垒。

19世纪，发达国家为了确保本国企业的优势，出现了把不发达国家、地域作为殖民地、势力范围进行政治性统治的帝国主义。帝国主义国家之间的对立，导致了第一次世界大战。战后，创立了国际联盟，国际协调运动高涨，不过在30年代的世界恐慌中，发达国家再次建立本国有优先特权的经济圈（区域经济），国际对立激化，引发了第二次世界大战。

经过两次世界大战，社会主义阵营扩大，世界被分割成两种经济体制，经济交流被一道高墙人为地隔开了。在资本主义阵营，反省大战悲惨的教训，撇弃保护政策，反复努力实现自由的贸易。以关税与贸易总协定（GATT，关贸总协定）和国际货币基金（IMF）协定为基础，发展了各国的贸易自由化、资本自由化*。

* 贸易自由化，是降低关税，缓和或废除进口的数量限制和进口的外币使用限制等措施。资本自由化，是缓和或废除限制从国外引进技术和投资的措施。

从80年代开始社会主义国家采纳市场经济，逐渐打破了两个经济体制之间的壁垒，促进了世界经济交流的扩大。关贸总协定，被发展性地改组为世界贸易组织WTO（1995年），自由化的流动加速，企业活动的舞台扩大到全世界。

跨国公司

作为企业的国际性活动，有物资、服务的进出口（贸易）、技术的提供、引进、资金、资本的进出口等。进出口公司和处理外汇的银行业，从早些时代开始就建立了海外分店和代理店的网络，进行国际交易。

从19世纪后半期开始，资金的输入和输出（国际资本移动）变得活跃了。英国在美国和欧洲各国进行投资，不过其大部分是以购买海外企业股票和公司债券形式输出资本，被称作间接投资。与此相对，企业对海外投资,以经营工厂、矿山、农场等形式输出资本,这在 20 世纪尤为盛行。这被称作为直接投资。

在大企业中也出现了几个国家直接投资,设立子公司和合营企业,发展事业的情况。这些大企业,被称作为跨国公司。从 20 世纪初期开始,已经出现了以确保石油、矿物、农作物等自然资源为目的,在产地设立子公司的跨国公司。从 50 年代开始,美国企业为了在当地销售产品,率先扩大了在当地生产的跨国公司*。

* 作为代表性的跨国公司,可以举例如下:埃克森·美孚,IBM,可口可乐,麦当劳,通用汽车,福特,微软,沃尔玛,杜邦,宝洁(以上是美国),家乐福,伏德风,大众,雀巢(以上是欧洲),索尼,丰田汽车,松下电器,三井物产等(以上是日本)。即使在金融业,跨国公司也有很多。其代表例子如花旗银行,香港上海银行 HSBC,美国家庭人寿保险等。

出现跨国公司的原因,除了确保自然资源以外还有各种各样的理由。如果国内市场饱和,企业自然要在海外寻求市场。海外市场,由于存在进口关税等壁垒保护,所以与出口相比,在海外就地生产商品变得更有利。或者也许在当地生产,由于雇佣廉价的工人,有时也能降低生产费用。还有,在生产费用低的国家生产商品,也可以出口海外。

外资引进的问题

从国外吸收资本(引进国外资本),对国内资金储备不足的国家来说有利经济发展,不过也存在着问题。企业的股票,被外国人或企业拥有的话,因外国股东参加经营,企业的经营方针,可能会发生朝着与本国并不希望的方向发展的情况。为此,禁止外国人拥有股份及设置种种限制法律的国家很多。直接投资时,为了避免外国企业压迫国内企业,或拥有支配产业的力量,限制直接投资的国家也很多。

跨国公司的直接投资,是大企业的活动,所以影响力也很大。大型的跨国公司,为建立世界战略,经营世界各地的子公司,因此把力量投入到核算性高的地域企业。核算性不好的地域,有很多情况下甚至不顾对当地经济带来的影响,中止事业,撤回资本。

或者,也可以操纵总公司和子公司之间的交易价格,将利润集中于总公司，或将总公司迁移到税金低的国家。同时，跨国公司也有可能利用各国法规的漏洞，进行不正当的行为。譬如，禁止垄断法所禁止的垄断价格的交易行为也成为可能，如果大企业拥有强大的市场支配力的话。为了限制这样的不正当行为，联合国等国际组织，制定了跨国公司的行动指南*。

* 经济合作与发展组织(OECD)，1976 年采纳的《跨国公司行为准则》(The OECD Guidelines for Multinational Enterprises)，2003 年在联合国被采纳的《有关人权的跨国公司等责任基准》(Norms on the Responsibilities of Transnational Corporations and Other Business Enterprises with Regard to Human Rights)等是代表性的例子。

日本的外资引进和资本输出

在日本开始近代化的明治时代初期，吸取了清朝的经验教训，由于引进外资会危害国家独立性的想法很强烈，所以采取了排外资的政策*。虽然依靠发行国债积极地引进外资、外国技术，不过，直接投资，除了少数例外，一般不被许可。

* 明治政府否认了德川幕府认可的外国人经营铁路事业的政策，并且支付给外国人补偿金，将其经营的煤矿国有化。

进入 20 世纪，设立了与英国企业合营制造大炮的日本钢铁厂，电机产业等开始了引进来自欧美企业资本参与(拥有股份)的技术。20 年代，福特和通用汽车，建设组装(进口零部件组装)工厂着手轿车的生产和销售。但是，30 年代，由于国防原因，实行了排斥外资发展国产化的政策。

第二次世界大战后，为了经济复兴，采取了促进引进外资的政策，不过只是重视技术引进，而直接投资并不受欢迎。在引进外资上，为了支付技术的使用费、股票分红、贷款、公司债券利息等，美元，英镑等外币的国外汇款很有必要。根据外汇、外国贸易管理法(1949 年)、带出外币必须受限制，所以在引进外资上，必须得到外资法(1950 年)的认可。外资法，限定了对日本经济有利的领域，认可了引进外资。

日本经济高度增长的同时，推进了贸易和资本的自由化，引进外资也很盛行。另一方面，日本企业的资本输出也扩大了，在美国和亚洲建设工厂，进行当地生产的企业也增加了。

70 年代，作为对美国产品出口而引起的经济摩擦的对策，有很多企业着手于当地生产。80 年代后半期日元升值，直接投资变得更加活跃。日元升值，一方面提升了日本产品的生产价格，出口变难，另一方面对国外投资所需的日元资金相应减少，这加快了日本企业的海外发展步伐。90 年代，泡沫经济崩溃，在经济不景气日益加剧的情况下，对以中国为首采取改革开放政策的亚洲各国的直接投资急剧增加。开始时，这是为了寻求廉价劳动力才向海外发展的，但不久，海外工厂作为向日益扩大的亚洲当地市场提供产品的据点，而开始受到了重视。

第二章　企业与法

1、近代社会的契约

近代契约的特征是什么？

近代的契约

英国的历史法学家亨利・詹姆斯(H. J. Maine)在《古代法》一书中，以“从身份到契约”这一表述揭示了近代社会的特点。他同时说明了在近代社会以前，人和人之间的关系是通过人们的上下身份等级而受制约；而在近代社会，这种关系则成了具有独立人格的个体与其他个体之间的自由契约关系。

农民向封建领主或者是向近代的地主交付地租这一行为，从同是缴付剩余产品(或者是与其价值相当的货币)这一点来看是等同的。但是，封建领主是倚仗对农民人身的支配关系而强行索要地租，但到了近代，地主是通过和农民达成的土地租借契约来获得地租，这两者间存在着很大的差异*。

*　当然，契约这一行为在很早以前就已出现。古代王朝的统治者，通过身份上的压制向农民强行征收粮食，他们再把征收来的粮食卖掉。这些统治者在贩卖粮食换取货币的时候，和商人之间结成了买卖契约。古代的契约，单纯从口头上承诺是无效的，而是需要在神的面前起誓或者是用书面契约的形式。

随着商品经济的盛行，契约的种类和数量也随之增加。这样一来，契约的效力、合法性等方面的判断标准也日趋明确。于是在近代社会，确立了“契约自由原则”和“私人自治原则”这两种原则。所谓的“契约自由原则"是指由独立的个体基于自己的自由意愿而达成协定，并将其认定为真正的契约；而所谓"私人自治原则"则是指将私人之间的契约关系委托于私人自身决定，并承认这种在私人间达成的合约具有法律约束力。

做为契约自由原则的具体内容，包括签订的自由即当事人有选择是否签订契约的自由、对象选择的自由即在签订契约的时候有选择对象的自由、契约内容的自由即可以自由决定契约的内容等方面。

而私人自治原则则是当引起纠纷需要审理裁断的时候，法院以私人之间的内容做为判决标准。当然，这种契约必须是不能违反社会公德和法律秩序的东西，只有这样，契约才能成立*。另外，这种契约只要双方口头同意就可以认同其成立。

* 契约原则上虽是彼此平等的个人之间的合约内容，但是在近代社会，也存在着经济上不对等的个人。诸如资本家、企业与劳动者之间，债权与债务者之间等等，这种由于当事人之间的不对等关系有可能会出现不利于弱者的契约。因此，在20世纪，国家对于契约自由原则也做了一些修改，制定了关于禁止出现恶劣的劳动条件、过低的劳动报酬、过高的利息等方面的法律。

契约的主体和对象

近代契约的主体（当事人）为独立的个体，除自然人之外，法人*也能缔结契约。根据民法规定，被认定的法人是指，由一定人群组成的团体（社团）和用于特定目的的财产管理团体（财团）**

* 法人被认定为同自然人一样享受权利和履行义务的团体。

** 也有依据特定的法律而设立的法人。例如像学校法人，宗教法人，医疗法人，社会福利法人，国家、地方政府所经营的企业，或者是劳动工会和合作社、特定的非营利活动的法人（通称为NPO法人）等等。

公司是由投资者的个人（职员、股东）而组成的社团法人，职员大会、股东大会组成了最高意志决定机关，理事、董事执行业务。拥有代表权的理事长或者是董事长才能代表整个社团法人对外签订各种合同。

财团法人是出于特定的目的来管理、运营被捐赠财产的团体。在日本，只有以公共利益为目的而不是以私人利益为目的的活动团体才能被认定为合法的财团法人。在财团法人当中，设立了业务执行理事，由拥有代表权的理事长、代表理事负责对外业务。作为理事咨询机关的评议委员会负责审议各项重要事务。

契约中，也包含诸如结婚、离婚之类的协议，而作为经济性行为，货币、服务业务的转让以及借贷等与此相关的协议则成为契约的主要内容。确定为私人所有权的财物、服务业务是契约的对象。

履行契约的保障

契约一经成立，当事人就具有行使契约的权利和义务。拥有权利的一方，如果发现对方有不履行义务的行为，可以通过诉讼寻求判决，从而强制对方履行契约所规定的内容。

法院经过对契约内容的解释、并对契约的信义原则*、习惯**等方面进行了考察和研究的基础上方能下达最终判决。此外不通过判决的手段，通过与当事人协商，也可采用庭外和解的手段解决纠纷。

* 信义原则也就是诚实守信的原则，也就是说在社会生活的运营当中，对于他人的信赖和期待做出相应的回报，这必须本着诚信的原则去实行自己的行动。在履行契约的时候，对契约内容不太明确的部分，基于诚信的原则，也必须履行。如不遵守诚信原则，而且因此出现当事人没有履行契约的情况，这样，由于这种行为违反了信义原则，当事人会被追究责任。

例如，在商品买卖的契约中，存在着没有明确标明商品交接地点这样一个遗漏，明明可以向对方确认具体的地点，却因为自己的懈怠而最终没有交付商品。像这样的情况就是违反了信义原则，要被追究不履行契约的责任。

** 习惯是在某一个社会中，作为传统和惯例而确立的，成为人们行动的基准并需要遵守的规范。这些社会习惯即使没有作为契约内容标明，但有些场合依然需要依据社会习惯解释契约内容。

若出现不履行契约内容的情况，权利行使方有权要求对方赔偿损失。损失赔偿是对由于不履行契约内容而给权利方带来损失的补偿，一般情况下，采用金钱支付的方式。

日本民法的特征

日本的民法是在明治时代，首先受到法国民法的影响于1890年制定了旧民法，但只是执行了其中的一部分；之后于1896年公布了受到德国民法极大影响的民法。第二次世界大战之后，特别是对有关家族制度的条例做了改动，之后又做了部分修正。

关于和经济活动相关的规定，基本上与欧洲民法没有明显的区别。但是在民法规定的适用方式*、当事人的法律意识**方面，又体现了日本式的特征。

*　关于雇用契约，民法规定如下：如果遵守事先告知期限，当事人双方在任何时候都可以解除契约，即使是明确标记了具体期限的劳动契约。如果存在“不得已而为之的理由”，同样也可以解约。

然而，在日本，用人部门对于劳动契约实行单方解除契约的行为，即对于解雇劳动者的行为依据裁判判例是有一定制约的。

在最高法院也颁布了这样的一般原则：即在行使用人部门的解雇权时，如果缺乏客观合理的理由，从社会一般观念来讲也不能被认可的情况下，将被认定为权力滥用，是无效的。这一判例被称之为“解雇权滥用法理”。

在日本，企业雇佣劳动者时，采用雇佣到退休为止的”终身雇佣制”是一种惯例。因此，民法所规定的契约解除的自由受到了判例的限制。

**　对契约的内容，甚至在细微的地方都清楚地记载着，遵循其协议的欧美习惯，在很长的一段时间，并没有在日本扎根。契约是以当事人双方的信用为前提，如果对契约内容的细微部分也要严格规定的话，这甚至被认为是对对方的不信任。

一般情况下，在日本，一直有这样的倾向：不是千篇一律地严格遵守法规，而是对每一案件实行相应的解决对策；一旦对契约出现了争议，这时一般都会认为根据当事人的协议解决为好。

而且，比起主张个人权利，依据法律通过裁决的方式来解决纠纷，也有选择根据惯例或者是人情事理来处理和解决争议的倾向。

像以上这样具有日本特点的契约，随着国际经济交流的日益加深，也在逐渐发生变化。详细规定契约内容即注重制定契约的做法至今已广泛使用。同时，随着“终身雇佣制”逐渐崩溃，对于解雇劳动者的限制也在逐渐趋于缓和。伴随着个人权利意识的逐渐增强，选择依据法院裁定来解决纠纷的案例也越来越多。虽说如此，日本还没有出现像美国所谓的”诉讼社会”那样，无论什么事情都选择依靠法院的裁决来解决问题的习惯。直到现在，习惯通过第三者的调解或调停来达成当事人之间和解的这种倾向依然存在。

2、商业交易

商业交易是怎样的交易行为?

日本民法的构成

个人(自然人)之间，或是个人与法人之间的商业交易都是从签订合同开始，但是合同的内容，却受不同法律的制约。

合同分私法上的合同和公法上的合同。规定个人或是法人行为、契约的法律称为“私法”，具体有民法、商法、票据法等。规定国家组织、结构以及规定与国家权力有关的行为、契约的法律称为“公法”。

私法上的合同，需要多方(两个以上的自然人或法人)当事人意见一致；原则上，对于一方的申请他方应诺时即产生法律效力*。

* 也有例外，比如只靠一方表明意志就能产生法律效力的“形成权”，还有不需要发表意见，只根据某些特定“事实”的产生就能发生法律效力的情况。

比如不足股(以 100 股为单位发行时，99 股以下的股份)的“购买请求权”，就是只要股东单方面表明意志就能产生针对股票发行公司的购买义务形成权的事例。另外因死亡等事实产生的继承的法律效力，也是因“事实行为”产生法律效力的事例。这些情况被认为不适用于“需要一方申请、他方应诺”原则的例外情况。

公法上的合同，以产生公法效果为目的。例如：国家征用具有私有权的土地、公共团体之间的财产处分协议、裁判管辖(法院)的协商就是很好的事例。

日本的民法由第 1 编"总则",第 2 编"物权",第 3 编"债权",第 4 编"亲属",第 5 编"继承"这 5 编组成。在各编中规定了市民生活中必要权利关系的成立、调整、变动*。

*　民法是规定私法契约的总前提(法律源头),但是规定私法契约的并非只有民法。利息限制法(规定贷款时的最高利息限额)、租地法、租房法、工厂抵押法(不针对个别财产,只限于对工厂整体作为担保时的规定)等法律进一步补充、扩充了民法的功能,实质上构成了民法机能的一部分。

另外,"不动产登记法"与"户口法"在分类上属于公法,还有许多法律像这两种法律一样,虽然在分类上属于公法,但是在实际实施过程中对民法的影响较大。

日本的民法法典,以"私权平等"、"绝对保护私有财产"、"契约的自由(法律用语为个人自治)"、"过失责任原则(在日常行为以及契约中,如果属非故意或是无重大过失则不追究其责任)"为指导方针。这些指导方针在近代社会的初期符合社会发展的需要,但是,在当今时代,却暴露出了许多不合理的情况(地方)。比如从公共福利的观点出发对私权的限制,以及环境权优先等新情况的出现,有必要对民法进行原理上的修改。采光权以及风景权等诉讼的增加,也证明了对近代法修改的需要已迫在眉睫。

物权与债权

在商业交易中合同的对象为财产权。财产权是对物权、债权以及无形财产权等权利的总称*。

*　在私权中,除了财产权以外还有人格权和身份权。人格权是指与权利人本身的人格不可分离的,以生活上的利益为主要内容的权利。民法上规定,当侵犯了他人"身体"、"自由"、"名誉"时,就构成了不法行为(行为者需要支付损失赔偿义务的行为)。"身体"、"自由"、"名誉"属于人格权的一部分,除此之外,与生命、贞操、姓名、肖像、信用有关的权利

也属于人格权的内容。身份权是指在亲属法中规定的，民事主体基于某一身份而享有的各种权利。身份权具有自身专属性，不可转让和继承。

日本宪法规定"财产权不可侵犯"（宪法 29 条第 1 项），保障了财产权的不可侵犯性。但同时宪法还规定财产权的内容必须与公共福利的相关法律相符（宪法 29 条第 2 项）。规定财产权的法律是民法，特别是物权，是指只限于民法等法律中规定限制而成立的权利，不允许当事人随意创立（民法 175 条）*。

* 除民法以外，还有具体限定物权的特别法律。如租房法、租地法、不动产登记法、工厂抵押法、矿业抵押法等。

物权是指"对一定物品的直接占有支配权以及受益的排他权"*。民法规定的物权具体有占有权、所有权、地上权、永佃权、地益权、留置权、先取特权、质权、抵押权等。

* 在近代法中，物权规定对一物享有其唯一的存在权利。在封建社会，同一块土地上曾有过领主所有权和农民所有权这两种权利并存的情况。在中国，同一土地上也曾经存过在多个地主的权利共存的事例（一田两主制，一田三主制等）。物权原则上是对物享有的权利，但是担保物权（质权）则不仅指对物，还适用于债权（民法 363 条）。

基于以前的生活习惯产生的权利，有些需要作为物权以法律的形式看待，还有根据新的社会需要，通过判例被认定具有物权的属性。如农业水利权、温泉权、转让担保权等，就是这方面的物权案例。

债权是指"特定的自然人（个人）或法人，向特定的自然人（个人）请求特定的行为或支付的权利"*。前者的自然人或法人是指债权人，后者是指债务人。具体表现为因买卖或者消费借贷（具体指借贷款合同）、租赁、捐赠、承包（当事人的一方约定完成某项工作，而另一方则对所完成的工作约定支付报酬的合同）、委任（委托他人履行法律行为的合同）、寄存（当事人的一方受他人委托保管物品的合同，保管人为受委托人，寄存为寄存人）等合同**产生的债权，以及因事务管理、不正当的利益所得、违法行为等也会产生的债权。

* 以金钱交付为目的的债权称为金钱债权。银行业务的存款债权、贷款债权、利息债权等都属于金钱债权。当债权人可以特定时，该债

权称为“指名债权”。

债权转变为证券(采用证券的形式),债权的成立、存续、转让、行使都以证券的形式进行,这被称为证券型债权。指示债权、无记名债权以及所有人支付记名债权都是“证券型债权”。

＊＊ 民法规定的合同为“有名合同(也称之为典型合同)”,有13种具体合同形式(捐赠、买卖、交换、消费借贷、使用借贷、租赁合同、雇用、承包、委任、寄存、合伙、终身定期金、以及和解等13种)。有名合同之外的合同称为“无名合同”。有名合同之间以及有名合同与无名合同的组合被称为“混合合同”。

买卖・消费借贷・租赁合同

买卖是指当事人约定将财产权转移至对方,对方约定对此支付货款从而产生法律效力的行为。前者称为卖方,后者称为买方。卖方除负有转移财产权的义务以外,还负有担保责任(如果不能按照约定提交财产权,卖方需要向买方承担赔偿等损害赔偿责任)。

买卖又分以下几种:如在签订合同时即当场交换目的物品并付款的现场买卖、样品买卖(商品质量根据样品来确认的交易)以及试验买卖(商品质量通过试验确定的交易),接连供应的买卖、付有分期付款条款的买卖等。

消费借贷是指,当事人一方(借方)从另一方(贷方)获得金钱、米谷以及其它的物品,并承诺在一定日期(偿还日期)偿还同品种、同等级、同等数量的物品的合同。最典型的为金钱方面的消费借贷,一般称之为“金钱消费借贷契约书”。

与必须偿还同一目的物的“租赁合同”不同,“消费借贷契约书”规定借方可以获取目的物的所有权,消费完之后,只要偿还同种类、同种等级、同等数量的目的物就可以。

法律规定消费借贷可以为无偿合同,但是在实际操作中,原则上需要支付利息成为有偿合同。因此,在日本出台了利息限制法以抑制债权人的蛮横,保护债务人的利益。

租赁合同是指,当事人的一方(出租方)向另一方(租赁方)出租特定的物品让之使用(法律术语为出让使用收益),对此租赁方则支付租金的合同。从法律角度讲,有偿合同(以支付租金为条件),双方互负义务合同(出租和租赁双方都承担起各种义务的合同)以及许诺合同(需要双方的意见一致)等。因这是不需要合同书的合同,即使没有合同书,合同也生效,但是土地和建筑物的租赁时间通常比较长,为避免合同期间的纠纷,一般都制订明确注明详细规定的合同书。

租赁合同既可以用于动产,也可用于不动产,其中,适用于土地和建筑物的租赁方面更为重要。因此,日本制定了租地法和租房法等许多特别法,以期预防和应对纠纷的发生。

雇佣合同、承包合同、委任合同

雇佣合同是指由当事一方为他方提供劳务,而他方支付报酬的合同。雇佣合同也是根据近代法契约自由的原则,其内容根据当事人自由意志决定,但是为避免不具有生产手段的劳动者在签订合同时处于不利地位,通过制定劳动法对契约自由的原则加以限制(具体内容是,对最低工资和劳动时间限制,休假、团结权、罢工权等许多劳动条件的限制),以其保护劳动者。

承包合同,是指当事人的一方(承包人)按照定做人的要求完成工作,交付工作成果,另一方(定做人)支付报酬的合同。承包合同应用于土木、建筑、运输等许多领域的经济活动。原则上报酬为事后支付,工作完成前的灾害损失由承包人负担。

委任合同是指当事人的一方(委任人)委托他方(受任人)处理事务的合同。在经济活动中,委任时,经常使用代理制度。所谓代理是指一方的契约当事人与第三者(对方合同当事人之外的第三者)之间签订契约,所产生的法律效果涉及到对方当事人的制度。也就是说,A 与 B 之间签订的合同,对于该合同来说是非当事人的 C 作为 A 的代理人表明意志(主动代理),或是代替 A 接受 B 表明的意志(被动代理)。

在商品的流通过程中,“批发商”扮演着重要角色。批发商担负着商品购买和销售的中间环节。代替他人,自己成为商品买卖合同的当事人的行为,在法律上称为“间接代理”*。

* 通常情况下的“直接代理”，代理人的行为所产生的法律效果直接归属于委托人，但是“间接代理”，其法律效果则首先归属于间接代理人，之后转移至委托人。

担保

在商业交易中，会因为支付货款或是借款等情况而产生金钱债务。为确保债务的偿还，有时债权人要求债务人提供担保。担保又分人的担保和物的担保。

人的担保是指，债务人以外的第三者保证其债务的偿还。例如 A 从 B 处借入 100 万日元，C 作出担保或是连带担保*。如果到了偿还日期 A 不能按时偿还，B 可以要求 C 支付债务的利息和本金。

* 普通的担保，只是在债务人无偿还能力时才要求担保人偿还的制度。但如果是连带担保，则债权人即使是在债务人有偿还能力时，也可以直接要求连带担保人进行债务偿还。

物的担保是指，债务人（或是第三者）将自己的财产作为优先抵押财产提供的担保。例如，A 从 B 处借入 100 万日元时，A 将归自己所有的市价为 200 万日元的土地抵押给 B，B 就拥有了对该土地的抵押权*。如果到了偿还日期 A 不能按时偿还债务，B 向法院申请，要求执行其抵押权。法院将该土地拍卖，从售款中优先返还债权额给 B（本金和利息）。

* 物的担保除了抵押权以外，还有先取特权、质权、根抵押权，以及临时登记担保权等。

3、票据与支票

票据或支票是通过怎样的方式流通的？

信用的授受

商品交易的结算方法非常多。个人在购买消费品等物品时，除了用现金支付以外，有时还会用到信用卡、支票。企业在买卖商品时，主要使用票据或支票结算。这种使用信用卡、票据、支票的结算方式，就是通过信用的授受来进行交易的。商品的卖方通过授予买方一定期限的信用，将商品交付给买方。买方则通过获得卖方信用，不必立即支付现金就能拿到商品*。

* 携带大量的现金非常不便与危险，与此相比，信用卡、票据、支票等结算方式既简单又方便。另外，因为商人在进货之后才能进行销售，如果商人可以用售货后获得的货款支付，在进货时就不必事先预备现金。相反，如果进货时即被规定必须用现金结算，就不能更灵活地利用更多的商业机会。

像这种不依托于现金的商品交易成为可能的信用，称为商业信用，它在现代社会中发挥着重要的作用。历史上，在很久以前就有赊卖（商品交接隔一定期间后，再以现金方式收回货款的结算方式）这种信用授受方式。这种交易方式成立的前提就是交易双方具有信赖关系，所以这不适合于在不相识或不了解对方的情况下进行交易。因此，催生了票据或支票、信用卡等制度。商业信用等制度的运用，依据票据法、支票法等的严格规定进行。

期票与汇票

票据是记有债权债务内容和结算期限等内容的证书，有期票和汇票两种类型。

期票是出票人承诺在将来的一定日期（到期日）支付确定金额（票据金额）给收款人的有价证券（即证券本身具有价值的证券。通常解释为“有财产权的证券”）。从在一定日期支付一定金额这一点来看，期票和借据是相同的，但因为它是有价证券，可以背书转让（即在票据后面写上权利转移等字样后转让给第三者），所以可以自由流通。这一点和借据不同。

汇票，是出票人要求付款人在指定日期支付确定金额给收款人的证书/票据。例如，出售了商品的A，要求买方B将货款支付给C时，出具A为出票人、C为收款人、B为付款人的汇票。被指定的付款人，根据出票人的委托在票据书面上的“保付人”栏上署名（保付签名的付款人称为保付人)。期票是一旦出具票据,票据债务关系就随之确定,而汇票则是保付人在票据上署名之后票据债务关系才成立。保付署名后,保付人就负有在指定的日期支付票据金额给收款人的义务。汇票通过收款人的背书,也可以转让给第三者。

汇票用途广泛,最主要是用于和遥远地区或海外间交易的商业结算。商品的买方出具以自己为付款人(保付人),卖方为收款人的汇票,并寄给卖方,实现货款的结算。或者,商品的卖方签发以买方为付款人、出具人和收款人一致的汇票,获得付款人的保付署名后,接受货款*。

* 为了确保货款结算的顺利进行,经常使用押汇票据。这种票据就是在汇票上贴附了商品的运送证券(运输单据和货物交换证的总称)。商品的卖方,将商品交付给陆运或海运公司,领取到"货物兑换证"或是"运货单"。这些运送证券,是证明其持有者有权请求交付商品的证书,如果没有出示这些证券,就不能从运送公司或仓库保管处提取货物。商品的卖方签发汇票,并在汇票上贴附运送证券后,委托自己的开户行代收货款。卖方开户行在付款人在汇票上保付签名后,或是付款人确已支付货款后,将运送证券交付给付款人。付款人拒绝保付签名,或是签名后不履行付款时,卖方开户行就不会将运送证券交给付款人,因而可以保证交易安全进行,所以特别是在海外贸易中"押汇票据"广泛使用。

票据与活期存款账户

票据本是指不通过银行介入,也能自由流通的证券。但是,这样一来,就不能阻止没有支付意图的人签发票据,因而会出现随意签发到期仍不能兑现的票据(拒付票据)。为此,票据使用者与银行签订活期存款账户交易协议,开设活期存款账户。活期存款账户交易协议包括存款协议,以及和票据签发人开户行签订的委托支付协议(依法向该银行出示票据时,该银行接受委托支付货款的协议)。这些协议签订后,就可以要求出示银行协会出具的"统一票据表格"。在该统一的票据表格上,印有与出票人缔结了活期存款账户交易协议的银行和分行(支行)名称作为支付地点。出票人使用统一的票据表格出具票据*。没有使用统一票据表格的票据根本不能流通,也没有人会接收这样的票据。

*　期票上有9个必须记载的项目。其中的几项,已经印在统一票据表格上。这9项为:① 标明"期票"的字样(已印)② 支付约定字样(已印)③支付日期(到期日)④票据金额⑤支付地(已印)⑥收款人名称⑦出票日期⑧出票地点⑨出票人署名(签字盖章)。法律上,没有完全填写这几项内容的票据不能作为完整票据生效。出票人的署名在法律上必须是"本人签名"或是"签名盖章",但银行只受理盖有在银行登记过的印章(存款签约时所申报登记的印章)。因此,即使本人签名后,也需要盖上在银行登记的印章。

如果因经常发生拒付票据而被迫受到停止与银行交易的处分*,这也会影响到银行信用。因此银行对申请开设活期存款的客户,特别是在信用方面进行严格审查。只有通过审查,具备合格条件的客户,银行才与其缔结活期存款账户交易协议。使用银行发行的统一票据表格的客户,就是通过了银行审查的合格者,具有社会信用。也可以说,正是这种信用支撑着整个票据制度。

*　如果半年内有两次拒付或是延期付款,就会受到银行业务停止处分。对拒付票据的出票人,票据的债权人可以通过票据诉讼这种简单快捷的仲裁制度,冻结出票人的财产。

支票

支票和票据一样,也是约定支付一定金额的有价证券,但它在支付日期上没有特别的规定,且接受支票后能立即将其兑换成现金,即见票即付。这一点与票据不同。

出具支票时,同票据一样,首先必须和银行签订活期存款交易合同,开设活期存款帐户。其次,在银行发行的支票专用纸上填入金额,署名或盖章后交给客户。支票是委托银行在见票后,支付支票票面金额给持票人,或是出票人所指定的收款人证书*。

*　支票通常是印有"请支付给持票人"字样的见票即付支票。如果丢失或是被窃,只要委托支付关系还存在,支票就有效,不法分子持该支票也可以要求获得现金支付。为了避免这种事故,出票人可以出具

在见票即付式支票的右上角加两条平行线的划线支票(也称横线支票)。

支票上有两条平行线,或是平行线之间写有“BANK”字样的支票,一般称为划线支票。这种支票,持票人或是在该支付银行有自己的存款账户,否则只有出具支票行能够为其支付。

如果平行线之间写有“中央三井信托银行”等特定银行名字的支票,被称为特定划线支票。这种支票,付款人只能是划线中所记载的银行。

划线支票,通过将支付对象限定为银行或是银行的交易客户,力求达到防止发生向不法分子支付现金的事件。

银行只是受委托支付现金,并没有付款的义务,因此,银行只支付存款人存款账户余额范围内的现金*。超过其存款余额的支票,为空头支票。

* 用支票和票据支付,当存款账户余额不足时,如果事先跟银行签订合同,在一定的额度内,可以从银行借进以补充不足部分。这被称为短期透支制度,是一种以定期存款等作为担保的短期借款。

支票上没有注明支付日期,但在法律上,向银行提示付款(请求支付)的期间为出票后10天内(包括出票日则为11天以内)。即使超过提示付款期限,只要出票人不取消支付委托,支票仍有效*。

* 支票或票据都具有时效性(一定期限后失效)。支票在出示期限后的六个月内有效。票据是出票人的请求权满期开始的三年为有效期,而对背书人的溯及权(支付人不履行其义务时,向背书人请求支付的权利)则为到期起的一年内有效。

票据贴现

票据持有人在票据到期之前如果需要资金,可以将票据背书转让给银行等金融机构,就能够获得从票据金额里减去票据到期时应得利息部分后的现金。这一制度被称为“票据贴现”。

银行贴现票据时,和委托贴现人缔结关于贴现的“交易合同”。该合同规定,当票据付款人(出票人)的信用恶化,或是发生到期拒付时,贴现委托人必须将贴现的票据买回。

银行进行票据贴现时，会审查贴现委托人和票据出具人双方的信用状态。经过这种审查的票据，出现拒付的可能性比较低，因此一般来讲，贴现利率的设定比普通融资的利率要低*。

* 除了伴随着商品的买卖出具票据（商业票据）以外，还有以融资为目的的票据（融资票据）。出票人出具以自己为付款人的票据，得到具有信用力的背书后，向银行贴现票据，从而达到融资的目的。这种场合的贴现利率和普通的融资一样，是由出票人和背书人的信用度来决定的。也有工商业者以高利息收购银行等机构不接受贴现的票据。

因为有这种可以在票据到期之前就能将其现金化的票据贴现制度，票据流通得以顺利进行。

票据交换所

票据债权人（票据持有人）为了获得票据金额的支付，必须委托其开户行向付款银行（成为票据支付地点的银行）呈示票据。通过贴现票据，银行自身也会持有一些其它银行为支付行的票据。如果银行将到期的各种票据一一向支付行呈示，繁琐而低效。因此，采取在各地设立了票据交换所，加盟的金融机构（银行、信用金库、农协等有信用的金融机构）可以将各种包括其它行为支付行的票据在交换所同时交割的方式*。

* 票据交换所的历史悠久，世界上第一个票据交换所于1773年在英国的伦敦设立。在日本，最早设立的是1879年的大阪票据交换所。在东京，最早的票据交换所设立于1887年。

截止到1995年4月，日本全国有票据交换所688所。随着技术革新带来的高效率化以及经济不景气促使银行支行的撤销，交换所也逐渐减少。2004年3月末，经法务大臣指定的交换所有155处，除此之外，民间的私立交换所有304所，共计459所（指定交换所和私立交换所在职能上没有差别）。

加盟票据交换所的金融机构，在其营业日的上午9点至10点之前到票据交换所，互相呈示贴现的票据或是受客户委托需要催缴的票据、支票等证券。每个金融机构都会计算接受对方支付的票据、支票的总额与自己支付的票据、支票的总额的差额(交换帐尾)。这些交换帐尾通过各个金融机构在日本银行开立的活期存款账户结算。这就是票据交换制度的结算体制。因为这是通过在日本银行的户头结算,在票据交换时就不必持有大量资金,这是一个非常安全的体制。

4、企业形态

新公司法是怎样规定企业的组织形式的?

新公司法

在日本,企业的组织形式从2006年开始发生了较大的变化。企业分三种形态:个人企业、合伙企业以及公司。关于公司,商法的第二篇"公司"部分针对合名公司、合资公司、股份公司做出了规定。另外,与商法不同的有限公司法规定了有限公司,从法律角度对4种公司形式做了规定。但是,2005年7月,商法中的"公司"篇被独立出来,在做了较大修正之后出台了"公司法",此法于2006年实施。

如表1所示,公司的形态分为股份公司(企业法人)和"持分公司"(非公司企业;一般企业的范围要比公司大,有时公司通俗上也称企业。在中国,公司指有限责任制公司和股份有限公司),持分公司包括合股公司、合资公司,另外还新添加了"合同公司"(全体成员为有限责任职员,包括只有出资者一个人的个人独资企业)。新设立的公司不可为有限公司,已有的有限公司将变更为股份公司,或者作为特例有限公司继续存在。

表1　公司的形态

依据法律	2005年之前的规定	截至2005年的数量	新公司法的规定
商法第二篇	股份公司	约115万家	股份公司
	合股公司	约2万家	合股公司(持分公司)
	合资公司	约9万家	合资公司(持分公司)
			合同公司(持分公司)
有限公司法	有限公司	约190万家	不可以成立新公司

个人企业与合伙企业

个人企业是个人经营的企业，以个人信用为基础。企业活动所产生的债务，个人负有提供全部财产偿还债务的责任(无限责任)。

合伙企业受民法所规定*。以营利为目的的合伙企业是多个个人出资共同经营的企业。出资及出资形成的财产全部为合伙成员的共有资产**。如果没有特殊规定，利益分配及损失按成员的出资比例分摊。合伙企业的债务由共同财产偿还，超出部分原则上由各成员负担无限责任。

*　民法规定，“合伙企业的契约约定通过各当事者共同出资，共同经营，才产生法律效力”(667 条)。劳动工会、合作社、信用合作社等为依照各自的法律设立的团体，与民法规定的合伙企业有所不同。

**　成员在退出的时候可以要求退出资金。但是除了合伙企业进行清算这一情况之外，作为成员不能要求将合伙企业的资产进行分割及分配。因此，合伙企业的资产使用“合有”这一特殊名称。

***　新公司法制定的同时，设立了一种新的企业形态——“有限责任事业合伙企业”(2005 年 8 月开始实施有关“有限责任事业合伙企业”方面的法律)。这种企业形态与美国的 LLP(Limited Liability Partnership)类似，由全体负有限责任的成员构成。LLP 为民法规定的合伙企业的特例，不是法人。

个人企业和合伙企业都不是法人企业。合伙企业即使购买土地也不能联名登记*，只能以全体成员共有的名义进行登记。另外，合伙企业的收入(利润、利息、地租等)在缴纳税金的时候，是先分配给各个成员，以个人所得税的形式进行缴纳，而不是以公司的形式缴纳法人税。

*　登记是指在法务省的地方组织——法务局管理的登记簿上进行登录。为明确法人存在的商业、法人登记和船舶登记是通过将法人不动产的所有权、抵押权等权利关系记入登记簿进行公示，或者将公司、法人的一定事项记入登记簿进行公示而产生法律效力。

持分公司和公司职员

持分公司为法人，以公司的名义构成权利和义务的主体。成立持分公司时，要制定章程（定款）*，进行注册登记。

* 设立公司时制定的公司的基本规章，需要全体公司职员签名（或签名盖章）。持分公司的章程需要明确记述下列事项（公司法576条）。

一 目的

二 商号

三 总公司所在地

四 公司职员的姓名或者名称及住所

五 公司职员是无限责任职员还是有限责任职员

六 公司职员出资的目的（有限责任职员限于金钱等）及其出资额度和评价标准

新公司法规定公司自主确定章程的范围较广，在不违反公司法的范围内可以自由规定公司职员的权限及公司的管理制度。在变更章程时，如果是已有章程未涉及的内容，需要全体公司职员同意。

持分公司的出资者称为公司职员*。公司职员具有参与公司经营的权利、领取相应于出资额的公司所得利益分配的权利、以及公司解散时承接剩余财产**分配的权利等。同时，公司职员对公司债务及需支付的损失赔偿金必须负责。公司职员根据责任的限度分为下述两种，即个人全部财产责任的无限责任职员和只负责出资额部分责任的有限责任职员***。

* 一般将公司雇用的工作人员称为公司职员，但是在法律上公司职员指出资者。股份公司的出资者被称为股东。

** 公司在解散时支付完所有债务之后所剩的财产。

*** 新的公司法规定法人和自然人一样都可以成为无限责任职员。法人在成为无限责任职员时，必须选定自然人为从事业务的人员。

出资可以采取提供金钱和其它财产的形式，无限责任职员除金钱之外也可以以信用或者劳务的形式出资。公司职员的出资金额称为份额，份额的出让需征得全体职员同意*。

* 不从事公司业务的有限责任职员出让份额时，必须得到从事业务的全体职员的同意。从事公司业务是指实质上从事公司经营，即针对公司章程规定范围内的经济活动进行经营决策和施行。有限责任职员当中也有只出资而不参与公司经营的。这些规定，使出资者可以较容易地出让其份额。

公司职员可以在六个月之前提前通知，或者在得到全体公司职员同意的前提下退出公司，得到被返还的持有额。退出公司的职员在退出公司后的2年内必须负责偿还退职之前公司发生的债务。职员死亡的情况下被认为是退出公司，其持有额的继承人除了公司章程有明确规定之外，如果不履行新加入公司的手续不能成为公司职员。

合股公司

持分公司的其中一种为合股公司，即全体出资人员都是无限责任职员*。除公司章程明确规定之外，公司的经营由全体职员负责，重要的事项由全体职员共同决定，公司业务也由全体公司职员执行。执行业务时的决策需要半数职员同意。另外，全体职员均可代表公司**

* 新公司法承认只有一名职员的合股公司。以前合股公司必须至少有两名职员。所以，两名职员的合股公司存在下述问题：即两名职员中的一名职员退出公司或者死亡时，如果不及时补充新的无限责任职员，公司将面临解散。

** 代表公司法人，可以对外签署合同，拥有成为法律上的当事人的权限。

合股公司由负无限责任的职员组成，适合规模不大的企业或者家族企业经营。

合资公司

合资公司由无限责任职员和有限公司职员构成。决定变更公司规章等重大事项时，需要全体职员同意。需要说明的是，如果公司章程有规定，公司可以指定执行业务的职员或者代表公司的职员*。执行业务时的决策，需要一半以上职员的同意。

* 一般由无限责任职员执行业务，代表公司。执行业务的公司职员延误工作而导致公司受到损失时，对公司必须负责偿还损失的责任。执行公司业务的有限责任职员在工作中知法犯法或者产生重大过失时，负责赔偿第三者的损失。

合资公司的组成人员中包括了有限责任职员，因此比起合名公司来可以募集到更多的出资者。

合同公司

另外一种持分公司是新设立的合同公司，其全体成员都由有限责任职员构成*。与同样为有限责任出资人构成的股份公司相比，合同公司允许内部自治，如果公司章程有规定，可以不把利益和权益的分配与出资金额挂钩。另外，也没有必要设立董事会和监事。设立公司的手续简单，设立费用也较少。

* 合同公司由于参考了美国的LLC(Limited Liability Company)，所以也被称为"日本版LLC"。另外，只有一名公司职员也可以设立合同公司。

决定重要事项时，原则上需要公司全体成员的同意。公司的章程可以分别指定执行业务的公司职员和代表公司的职员。

因为合同公司不需要设立监查员职务等，这简化了公司会计事务手续，所以根据债权者的要求，合同公司承担公开计算表(资产负债表等)的义务。

在合同公司中，对公司贡献较大的职员可以得到比出资比率更高的表决权和更多的利益分配，因此对于吸收具有专业知识和卓越技能的人才兴办共同事业、创立产学提携事业、风险事业有促进作用。

特例有限公司

有限公司制度被废止，新公司法规定不允许设立有限公司。已经设立的有限公司或者作为特例有限公司继续存在，或者变更为股份公司。

既有的有限公司自动转为特例有限公司，原则上不需要变更商号及公司规章，也不需要重新注册*。而且取消了以往的公司职员必须限制在50名以内以及最低资本金不得少于300万日元的规定。另外，以往受禁止的公司债券的发行也成为可能。

* 新公司法中，特例有限公司与股份公司有所不同，所以公司职员全体大会相应地改称为"股东大会"，职员改称为"股东"，份额或出资数量等改称为"股份或股份数"。

在变更为股份公司时，要召开职员全体大会，变更公司章程，商号也变更为有明确"股份公司"字样的名称。另外，只有通过有限公司登记解散及股份公司设立的登记后，才能正式成为股份公司。

公司的组织变更

要据新公司法，持分公司之间的组织变更或者由持分公司变更为股份公司的组织变更手续简化了*。

* 以前，允许合股公司、合资公司之间，有限公司、股份公司之间的组织变更，但是，合股公司、合资公司在变更为股份公司或有限公司时，需要设立新的公司并实行将旧公司合并以及将公司业务转让给新公司的手续。

合股公司、合资公司、合同公司制定组织变更计划（包括公司章程以及章程生效日等事项），得到全体职员同意之后，在政府公报*上发表公告，并向债权者发出催促通知**，在对有异议的债权人采取债务偿还措施之后，可以变更为股份公司。

* 政府面向一般国民每日发行、登载国民需要了解事项（法令及登记事项等）的文书。通过在政府公报上发表公告，在法律上被视为信息公开。

** 对债权者发出催促其确认债权或催缴等的通知。

5、股份公司

新公司法对股份公司的组织机构是如何规定的？

什么是股份公司

新公司法在第一章总则之后的第二章，就是关于股份公司的规定。一般为我们大多数人所熟知的知名企业，大多采取股份公司的形式。

任何形式的公司，在制造商品、建设工厂和办公楼等方面都需要一段时间和一定数额的资金投入。要筹集所需的资金，首先可能想到从银行贷款。另外，还有发行股票筹集资金的办法。当然，银行贷款需要支付利息和到期偿还。与此相比，通过发行股票筹集的资金没有偿还期限，因此可以放心地长期灵活使用。像这种通过发行股票从非特定多数投资者处筹集资金开展业务的公司即是股份公司。

如在本书的第一章第 2 节所述，世界上最早的股份公司是荷兰的东印度公司和英国的东印度公司。起始于英国和荷兰的这种股份公司能在全世界如此普及，也证明了无论是在资金筹集方面还是企业管理方式方面，股份公司是最合适的企业组织形式。

股份公司的设立

股份公司是指出资方全体承担有限责任的公司*。

* 股份公司的出资人为股东。股东以出资额度为限，对公司的债务及损害赔偿承担支付责任。股东的主要权利为以下 3 种：

① 根据持有的股份要求利益分配的分红请求权。

② 出席股东大会，提出自己的意见，参与对重大事务进行表决的表决权。

③ 公司解散时，根据持有的股份份额参加公司剩余财产分配的剩余财产分配请求权。

创立股份公司时，通过发行股票筹集投资金(资本金)。具体创立方式有两种：一种是创立公司时，发起人承购全部股份的方式(发起创立)；另一种是发起人承购一部分股票，剩余的股份通过其它股东募集的方式(募集创立)。

无论是哪种创立方式，首先需要发起人订立公司章程(定款)*，并需要发起人全体签名(或是签名盖章)，还需要接受公证人**的公证。

如果采用的是发起创立的方式，需要发起人对承购的股份缴纳现金，创立时在选拔任命董事等职务之后，还需要在总公司所在地进行登记注册***。如果采用的是募集创立的方式，发起人需要通知成立公司时承购募集股票的股东在指定的日期缴纳承购金，召开股东大会（创立总会）。创立时在选拔任命董事等职务之后，还需要对公司成立进行登记注册。

* 在股份公司的章程里，必须注明以下事项和其它必要的事项。

1 目的

2 公司名称

3 总公司所在地

4 创立时投资的资产份额或最低金额（创立后，可发行的股份份额总数）。

5 发起人的姓名或是名称以及住址和其它必要事项：用非金钱形式财产出资的出资人的姓名、名称以及分摊给该出资人的股份种类以及份额等。除此之外，还有与股份以及公司机构等相关的，如果不通过订立章程来明确就无法生效的事项。

** 公证人是指由法务大臣（相当于中国的司法部部长）任命的，在司法局（或是地方司法局）工作的公务员。公证人可以出具具有法律效力（可作为审判时的证据和不履行合同时进行强制执行的证据）的公证证书，还拥有证明个人以及团体、企业出具的文书（私人文书）具有法律效力的权利。

*** 在登记股份公司的设立时，旧公司法有关禁止注册容易混淆的公司名称（和在同一市町村进行同种经营的其它公司采用相似的公司名称）的类似名称限制，但在新登记制度里，则取消了该限制。

另外，在旧的制度里，要求出具证明发起人或是股份承购人已缴纳现金的“缴纳金保管证明”（银行或是信托公司等现金出纳金融机构出具的证明，但该手续需花费一定时间和费用）。在新的制度里，如果公司采取的是发起创立方式，用金融机构的“银行残余证明”（关于存款余额的证明，只需要极少的时间和费用）就可以进行登记注册，登记手续得到了简化。

资本金与股份

创立股份公司时，旧商法规定最低资本金为1,000万日元*，但在新公司法里，取消了关于最低资本金的限制。

* 在旧法中，如果利用“确认公司制度”这一特例，用1日元就可以创立公司。如果5年内不增加资本金即解散该股份公司的条件下，适用该特例。

股份公司除了可以发行普通股以外，还可以发行限制转让股、限制表决权股、优先股等种类的股票。

限制转让股是指股份转让时需要得到公司（董事会等）承认的股份*。所发行的股份全部为限制转让股的公司被称为限制转让股份公司，这种形式的公司与普通的股份公司相比，要求不是太严，甚至可以不用设立董事会机构。在新公司法里，可以将发行股票的一部分作为限制转让股发行。发行股票的全部或是其中的一部分为无限制转让股票的公司被称为公开公司。

* 除了对一般转让进行限制之外，还有限制对股东之外的第三者进行转让等方式，所以限制转让的范围可以特别规定。

限制表决权股是指限制其在股东大会行使表决权的股票。优先股是指在分红或是进行剩余财产分配时，享有优先于普通股票分配的股票。优先股大多作为限制表决权股发行。

这些种类的股票持有者，为避免利益受损，可以通过制定公司的章程，对相关重要事项（新类型的股份发行或是公司合并等），要求必须通过股东大会的特别表决（在持有超过半数以上股票的股东出席情况下，三分之二以上的股东赞同），或是各类股东大会的特别表决。

股份公司的机构

股份公司在运营时，有必要根据公司的经营状况设置合适的机构。

(1)股东大会

原则上由全体股东组成的股份公司的最高决议机构，所有的股份公司都必须设立该机构。股东大会持有对变更章程，解散、合并、公司职员(董事、监事、会计参与)的任免、决算、利益分配案等法律规定的事项,以及对公司章程规定的事项做出决议的权利。股东大会,分为每个决算期定时召开的一年一度定时股东大会,和按照需要随时召开的临时股东大会这两种。

(2)董事、董事会

董事会为股份公司的业务执行机构,普通的公司由 3 人以上组成,但限制转让股份公司的董事至少有 1 人是由股东大会选任。董事的任期为 2 年以内,但在限制转让股份公司里可以延长至 10 年以内。

董事会代表公司。董事为 2 人以上时,按照公司章程规定,可以通过董事互选或是股东大会决议的方式,从董事里选任董事长。设置董事会的股份公司,必须通过董事会选任董事长。

在公开公司等*方式的公司里,必须设置董事会,决定执行业务的内容并对董事的职务执行进行监督。董事会议决与业务执行相关的重要事项**。

* 除此之外,还有"监事会设置公司"和"委员会设置公司"(后面文章详述)。

** 董事会的决议事项为:董事长的选任以及解聘、重要财产的处分以及对财产继承、大额度贷款、负责人以及其它管理人员的选任以及免职、分公司以及其它重要机构的设置与废止、有关募集公司债券的重要事项、为确保股份公司业务的正常运行进行必要的体制整顿等。新股份的募集,是股东大会的决议事项,但是如果股东大会委托于董事会,则可以依照董事会的决议执行。

(3)监事、监事会

监事为监查董事以及会计参与的业务执行情况的机构。公开公司(委员会设置公司除外)必须设立 1 人以上的监事,而发行限制转让股的公司(委员会设置公司除外)如果不设置会计参与时,必须设置监事。监事的任期为 4 年以内,如果是公开公司,可以延长至 10 年以内。

监事如果发现董事以及会计参与了不正当的行为,以及有违反法律、行政法规、公司章程的行为,必须立即就其情况向董事、董事会报告。另外,如果认为对方的行为可能会给公司带来重大损失时,可以要求该董事停止其行为。

另外，监事必须对董事向股东大会提交的议案、文件等进行调查。若发现有违反法律、行政法规、公司章程等不正当行为时，必须将调查结果报告给股东大会。

监事会由3人以上（其中一半以上为外聘监事）的监事构成，是选任专职监事，制定监查方针和制作监查报告的机构。大公司*若还是公开公司时，必须设置监事会。

＊　资本金在5亿日元以上或是负债总额在200亿日元以上的股份公司。

(4)委员会

主要是指为使大企业的机动经营和有效监督成为可能而设立的机构，包括提名委员会、监查委员会和报酬委员会这3个委员会*。设置委员会的公司，不能设立监事，但必须设立董事会和会计审计员。

＊　各委员会是根据董事会的决议，从董事里选定3人以上组成的。各委员会超过半数以上的委员必须是外聘的董事。

提名委员会，决定向股东大会提交关于董事、会计参与任免议案的内容。

监查委员会，监查执行委员（后面详述）、董事、会计参与的职务执行情况，决定向股东大会提交关于会计监事任免议案的内容。监查委员会认定执行委员以及董事有不正当行为、违反法律、行政法规、公司章程的行为以及可能会出现以上行为时，应立即向董事会报告。另外，当执行委员或是董事因以上不正当行为可能会给公司带来重大损失时，监查委员会可以要求该执行委员或者董事停止这些行为。

报酬委员会就执行委员等个人的报酬内容分别做出决定。

在设置委员会的公司里，必须聘任1名或2名以上执行委员*。执行委员根据董事会的决议就接受委托的业务做出决定，执行公司的业务。

＊　执行委员，根据董事会的决议聘任，任期原则上为1年。董事会从执行委员中选任执行委员代表。执行委员可以兼任董事职务。

在设置委员会的公司里，由执行委员执行公司的业务，所以原则上董事不可以执行公司的业务。设置委员会公司的董事会就重要事项*做出决定，该决定的具体执行则委托给执行委员，董事会监督执行委员的职务执行情况。

* 重要事项是指：①基本经营方针，②监查委员会在职务执行时的必要事项，③与执行委员的职务分担以及工作指令相关的事项，④为确保执行委员的职务执行和公司业务的正确执行进行的体制整顿。

董事会通过决议，可以将与业务执行相关的决定委托给执行委员。

(5)会计审计员

主要是大公司里对财务报表等进行监查的机构，资格仅限于注册会计师或是审计法人*。

* 注册会计师是指注册会计师考试合格，依照注册会计师法注册完毕，对资产负债表、损益计算表以及其它有关财务的报表文件进行监查或是出具证明的人。审计法人是指由5名以上的注册会计师为公司成员设立的，执行监查业务的特别法人*。

(6)会计参与

新公司法里新设的内容，是与董事共同制作财务文件的机构*。会计参与，必须是注册会计师(或是监查法人)或是税理士(或是税理士法人)**。

* 在此以前，中小企业里的会计审计主要由监事负责，大多数公司只设名义监事这一职位。聘任会计审计员进行监查，可信度虽高，但费用也比较高。通过会计参与参加财务报表的制作，对没有设置会计审计员这一职位的中小企业来说，起到提高结算报告书信任度的作用。

** 税理士是指注册会计师、律师以及税理士考试合格者，依据税理士法注册完毕，并能够进行纳税的申报、申请，制作税务文件，应对税务咨询的人。税理士法人是指由2人以上的税理士构成公司成员，组成的特殊法人。

高级管理人员的损失赔偿责任

董事、会计参与、监事、执行委员、会计审计员，因工作怠慢给公司或是第三方带来损失时，需要对公司或是第三方负赔偿责任*。

* 出现恶意(事先知晓)过失(因不注意引起的过失),或者重大过失时,追究其责任。但若是善意(事先不知晓)无过失(并非因不注意而引起的过失),则不追究其责任。

若是善意且无重大过失时,根据股东大会的决议,可以确定其赔偿责任的限制额度(年薪的 2～6 倍)。

表 2-2 公司的机构

<table>
<tr><td rowspan="2">机构</td><td colspan="7">大企业</td><td colspan="7">中小企业</td></tr>
<tr><td colspan="5">限制转让公司</td><td colspan="2">公开公司</td><td colspan="5">限制转让公司</td><td colspan="2">公开公司</td></tr>
<tr><td>董事</td><td colspan="5">必须设置</td><td colspan="2">必须设置</td><td colspan="5">必须设置</td><td colspan="2">必须设置</td></tr>
<tr><td rowspan="2">董事会</td><td rowspan="2">必须设置</td><td rowspan="2">必须设置</td><td colspan="3">自愿</td><td colspan="2" rowspan="2">必须设置</td><td rowspan="2">必须设置</td><td rowspan="2">必须设置</td><td colspan="3">自愿</td><td colspan="2" rowspan="2">必须设置</td></tr>
<tr><td colspan="2">有可能</td><td>无</td><td colspan="2">有</td><td>无</td></tr>
<tr><td rowspan="2">会计参与</td><td colspan="2" rowspan="2"></td><td colspan="2">自愿</td><td rowspan="2">自愿</td><td colspan="2" rowspan="2">自愿</td><td colspan="2" rowspan="2"></td><td colspan="2">自愿</td><td rowspan="2">自愿</td><td colspan="2" rowspan="2">自愿</td></tr>
<tr><td>有</td><td>无</td><td>有</td><td>无</td></tr>
<tr><td>监事</td><td rowspan="2">不可以</td><td>必须设置</td><td rowspan="2">自愿</td><td>必须设置</td><td rowspan="2">自愿</td><td rowspan="2">不可以</td><td>必须设置</td><td rowspan="2">不可以</td><td>必须设置</td><td rowspan="2">自愿</td><td>必须设置</td><td rowspan="2">自愿</td><td rowspan="2">不可以</td><td>必须设置</td></tr>
<tr><td>监事会</td><td>有</td><td>自愿</td><td>必须设置</td><td>有</td><td>自愿</td><td>自愿</td></tr>
<tr><td>委员会</td><td>有</td><td colspan="4">无</td><td>有</td><td>无</td><td>有</td><td colspan="4">无</td><td>有</td><td>无</td></tr>
<tr><td>会计审计员</td><td>必须设置</td><td>必须设置</td><td colspan="3">必须设置</td><td>必须设置</td><td>必须设置</td><td>必须设置</td><td colspan="4">自愿</td><td>必须设置</td><td>自愿</td></tr>
</table>

6、企业的破产与重组

企业破产时应履行哪些手续?

企业的倒闭

企业的经济活动,不能保证总是成功的。当出现债务支付困难,或负债超过其资产时,公司经营无法继续,就有可能倒闭*。倒闭的企业,可以进行破产清算(清算手续),也可以在整理完债务后进行事业重建(重组手续)。如果是破产清算,可依据破产法(2004 年新破产法公布)执行,如果是事业重建,可依据民事再生法(1999 年公布,同时废止和议法)或是公司更生法(2002 年新法公布)具体执行**。

* 倒闭,并不是法律用语,而是指企业经营陷入僵局,无法偿还

债务时的经营状态。一般来说，企业因二次拒付票据或支票（不能支付）从而受到银行停业处分时，或者企业向法院提出破产、重组申请时，称之为倒闭。

＊＊ 破产法与民事再生法，适用于企业与个人，但是公司更生法，只适用于股份公司。除此之外，还可以依据商法进行整顿（例如债权人较少的股份公司）。除了可以依据法律进行整顿之外，也有通过与债权人私下商议进行整顿的任意整顿方法。

民事再生法、公司更生法、破产法，在 1990 年泡沫经济崩溃以后相继重新得以公布，这是为了应对包括一些大企业在内的企业倒闭以及个人破产激增而制定的。

重组手续有两种方式。一种是在原公司董事手下，在继续经营活动的同时推进重组计划的 DIP 方式＊；另一种是由法院认定的财务管理人一边管理企业的经营活动一边实行重组计划的管理型方式。民事再生法，主要规定 DIP 方式，而公司更生法则规定管理型方式。

＊ DIP，是 Debtor in Possession（持续占有债务人）的省略语，是美国的联邦破产法（第 11 章）里规定的一种方式。规模较小的企业或者家族式经营的企业履行重组手续时，该方式比较合适。公司更生法主要适合于规模较大的股份公司。

破产法

（1）破产手续

企业面临无法偿还债务时（股份公司在面临无法偿还债务或是负债超过其资产时），在限制个别债权人催缴的同时，将破产者的所有财产换算成钱款，依据其债权份额向债权人支付。破产手续，始于债权人或是债务人向法院提交执行破产手续的申请＊。

＊ 债务人提交申请的，称为自我破产（一部分债务人提交破产申请的称为准自我破产）。债务人，如民法法人中的理事，合名公司、合资公司中的无限责任公司职员，股份公司里的董事，可以申请执行破产手续。

（2）破产手续的开始

提出破产申诉后，法院在必要的时候，会发布保全命令*，如禁止处置债务人财产的暂时处理，或是选定保全管理人来管理债务人的财产。另外，当开始破产手续原因的事实得到法院承认时，法院做出执行破产手续的决定，并选任1名或多名破产管财人。法院公示以下内容：关于破产手续开始的决定，破产管财人的姓名(名称)，债权的登记日期，债权人集会的日期等，并通知相关人员。

* 保全命令是为保全债务人的财产(维持破产时的状态)而采取的强制性措施。法院可作出禁止财产处分的暂时处理(仅在决定做出之前有效的命令)和暂时冻结(在做出决定之前的一段时间里将公司财产置于公共管理之下)处分。

开始破产手续的决定做出以后，债务人即被称为破产方。破产方的财产，为破产财团*，由破产管财人管理和处分(管财事件)。但是，如果破产财团没有能力支付用于破产手续的费用时**，在做出破产手续开始的决定同时，法院将决定废除破产手续，确定债务人破产(同时废止)。破产手续开始的决定做出以后，当判定债务人的财产不足时，法院在召开债务人会议听取意见后，做出废止破产手续的决定(异时废止)。若能得到全体债权人同意，法院也能做出废止破产手续的决定(同时废止)。

* 破产方如果是个人，其两个月的必要生活费用(按普通家庭算66万日元左右)的2/3(根据具体情况可增加)不属于破产财团的支配范围。

** 破产手续的费用包括，财产的变卖，债权的调查，分配等工作所需费用。虽然因破产规模而异，但至少需要向法院预付20万日元左右的费用。当不能负担该费用时，也就无法向债权人履行支付义务，这时破产手续将被废止。

个人自我破产时，多为同时废止事件。破产的个人，通过债务的免除责任手续可以恢复资格。个人破产者，在申请自我破产的同时，自动申请免除责任许可(债权人做出破产手续开始的申请时，破产手续开始决定做出之后的1个月以内，可向法院申请免除许可)，如果法院做出免除责任许可，就可免除破产债权(依据破产手续分配结束后剩余部分）的返还责任（但是，税金，员工的劳动债权，对交通人身事故的赔偿责任，养育费用等债务，不在责任免除范围内）。破产方不可以从事股份公司的董事、律师、税理士，或是保安业、保险劝说业，并失去参与公共投标的权利。但是获得免除责任许可后，其权利可以得到恢复。

（3）破产管财人的工作

在管财事件过程中，破产管财人在法院的监督下，推进破产手续。破产管财人，首先，对各债权人向法院提交的对破产人的债权进行调查，判定其额度与分配顺序（优先得到分配的破产债权，分配顺序靠后的劣等破产债权等）。如果债权人对这一判定存有异议时，法院将作出判决（破产债权核定），确定破产债权**。

* 债权除了普通的债权之外，还分以下几种：如持有先领特权（具有优先于其它债权得到偿还的权利）的债券（如工人的工资），以及有优先权的债权（如质权，抵押权等担保权），还有如在做出破产手续开始的决定之后的利息等劣等债权（偿还顺序靠后的债权）。

** 面向破产人的债权中，相当于工作人员的工资（3个月的工资额）与退休金（3个月的工资）的份额，裁判的费用，破产手续所需费用等，作为财团债权，区别于破产债权，不需要依据破产手续偿还。

破产债权，除了行使特别除外权这一情况以外，只能依据破产手续分配破产者财产的方式接受偿还。

* 持有先领特权，担保权的债权人，享有不必依据破产手续就可以获得从破产方的财产中接受偿还的权利。

破产管财人，调查破产方的财产状况，当公司的董事负有责任时，破产管财人向法院提出损害赔偿申请。法院在必要时，在对公司董事的财产进行保全处分以后，做出核定损失赔偿请求权的判定（公司董事责任核定决定）。判定确定以后，对董事的损失赔偿请求权将添加到破产财团债权当中。

破产管财人，对于破产方为达到隐藏财产目的对财产进行的处分（赠送或是变卖），可做出判定其行为无效的请求。如果该请求得到法院认可（承认与否认权得到认可），破产财团可追回被破产方处理的财产。

破产管财人在必要时，可依据债权人委员会*的意见或是债权人集会**做出的决议,处分破产财团的财产。变卖为现金后,按照债权的优劣区分,向债权人分配份额***。支付完以后,法院做出终结破产手续的决定,破产程序结束。

*　在超过半数以上破产的债权人同意时,由3名以上委员组成的债权人委员会,可以就破产财团的财产管理、处分阐述意见。

**　债权人集会,是指当破产管财人,债权人委员会,大额破产债权人(持有破产债权总额的1/10以上的债权人)提出申述时,法院召集全体债权人集会,通过集会表决破产手续。

***　分配是指,破产财团的财产变卖(折价)之后,进行最后的支付分配。最后分配之前,也有 执行中间分配的情况。也有不执行最后分配,而是分配总额在1,000万日元之内的执行简易分配,或是在征求全体债权人同意后执行分配。

(4)企业破产与出资人的责任

企业破产时,出资人如果是有限责任,应根据其出资额承担责任。如果是股东,其持有的股份的价值为零,但不对其追究其它责任。负有无限责任的公司职工,必须将其持有的个人所有财产,用于债务偿还。

民事再生法

(1)民事再生手续

企业或是个人,在可能破产,或者无法偿付其债务时,在法院的监督下,依据得到认可的重组计划,对事业以及经济生活进行重建,这称为民事重组手续。

在具体执行民事重组手续时,债务人或是债权人需向法院提交申诉。法院在受理申诉后,必要时,对债务人的财产执行保全处分后,审查该申诉,决定开始重组手续,或是驳回申诉*。申诉被驳回情况下,执行破产手续。

*　当债务人是企业时,法院必须听取工会(超过半数以上员工)的意见。

(2)重组计划的决定

决定重组手续开始之后,法院依据对重组债务人持有债权的重组债权人提交的申报，确定负债总额*。其次，重组债务人制定出重组方案**，提交给法院。法院或是召开债权人会议，或是通过书面投票的方式听取债权人的意见，当征得超过半数债权人的同意时，即决定重组计划方案。法院对其合法性，执行可能性、公平性等方面进行审议后，决定是否认可重组计划。当债权人否决重组计划，或是法院不认可重组计划时，则转向执行破产手续。

* 债权，分以下几种：重组债权（只能依据重组手续获得偿付），一般优先债权（劳动权、租税债权等，随时可获得偿付），公益债权（裁判费用等，随时可获得偿付）。持有担保权（质权、抵押权）的债权人，可以不通过重组手续获得偿付。

** 重组计划方案，明确重组债务的减免，返还期限的融通，资本的裁减、债务的转移（重组债务人以外的人承担债务或是提供保证、担保）等债务的减轻方法，以及重组后的企业经营方针等。

(3)重组计划的执行与重组计划的终结

重组债务人，执行重组计划。当选任监督委员*时，监督委员监督重组债务人对重组计划的执行。重组手续执行期间，重组债务人可以继续自己的事业，但是如果是选定了财务管理人（管财人）**，则由管财人管理、处分事业活动和财产。

* 当开始重组手续的申诉提交以后，在必要时，法院选任监督委员（1人或多人），则可以命令其对特定事项的重组债务人的行为进行监督。决定重组手续开始以后，法院也可以赋予监督委员否认权（与执行破产手续时相同，拥有否定财产处分的权限）。

** 重组手续开始的决定作出以后，重组债务人如果是企业，必要时，法院可选任管财人（1人或多人）管理企业。

当重组计划得以履行时*，法院决定重组手续的终结**。一旦做出重组手续终结的决定以后，监督委员和管财人不再存在，企业就可以自由开展活动。如果重组计划没有得以履行，法院决定取消重组计划或是废止重组计划，转向执行破产手续。

* 没有选定监督委员、管财人时，在决定认可重组计划的同时，法院决定重组手续的终结。

* * 除了以上几种重组手续以外，还有较为特殊的省略重组债权调查的简易重组以及省略债权人会议决议的同意重组等简易手续。

公司更生法

(1)公司更生手续

股份公司，在可能破产时，或是无法偿付其债务时，在法院的监督下，管财人根据更生计划进入事业重建的程序，称为企业更生手续。具备更生手续申诉权利的，为股份公司的代表董事或是大额债权人(持有公司资本金的1/10以上的债权所有人)，大股东(持有1/10以上有表决权的股东)。

当开始更生手续的申诉提交以后，必要时，法院中止该企业的相关破产手续以及关系到财产的诉讼，通过禁止强制执行*等，做出保全公司财产的保全处分命令。或者，选任保全管理人，赋予其具有对公司的事业经营，财产管理、处分的权限，并可以选任监督委员来监督公司。除此以外，还可以根据需要，对公司董事财产做出保全处分命令。

* 为催缴债权，采取的对财产冻结、拍卖、分配的方法。

法院在采取以上事前措施的基础上，听取工会(或是超过半数员工)的意见，进行调查。当情况属实时，决定开始执行更生手续，选任管财人(1人或是多人)，决定更生债权等的申诉期限并予以公告。

(2)更生手续的开始

法院就债权人提交的债权，依据管财人判定可否的认可书，以及债权人或是股东提交的异议申诉进行调查。有异议时，法院进行审判，在做出判决后，确定债权*。

* 债权可分为以下几种：更生债权(必须依据更生手续进行偿付)，更生担保权(对更生公司的财产具有担保权的债权，必须依据重组手续进行偿付)，公益债权(工作人员6个月工资的金额，退休金，审判费用等，可以随时支付)，手续开始后债权(更生手续开始以后产生的债权，更生计划终结后才可以进行偿付)。

质权、抵押权等担保权被称为更生担保权，规定只有依据更生手续执行，这区别于破产手续、再生手续的，是更生手续的特点。

管财人调查企业的财产，制作资产负债表、财产目录并提交给法院。管财人必要时可以行使否认权，追究企业董事的责任，提出损害赔偿诉讼，确保公司的财产。

法院为了方便变卖附有担保权的财产，只要向法院支付相当于该财产金额的钱款，就可以取消其担保权。另外，即使在做出更生计划之前，法院也能认可企业的经营转让*。

*　经营转让是指，为了一定的经营目而组织起来的，作为一个有机整体发挥作用的财产（也包括无形的经济财产，如与客户间的交易关系等）的全部或是重要的一部分的集中转让。

(3)更生计划的决定

管财人在更生债权申诉期限过后的1年以内，必须向法院提交更生计划。要维持股份公司的事业，大致有以下几种方法。1、通过减免债务、融通返还期限、裁减资本等减轻负债，通过发行新股票、企业债券等筹集资金，从而继续公司事业经营的方法。2、通过公司的分割、合并、成立新公司，或是通过经营转让的方法由其它公司继承其事业经营的方法。3、以上两种方法并用的方法。更生计划中，必须就这些具体措施提出具体的政策，标明公司董事（董事长，总经理，监查董事，代表董事）的名称、任期。

法院或是召开相关人员*会议，或是通过书面等投票的方式，询问其对更生计划认可与否。产生更生计划决议以后，法院根据合法性、公平性、可行性等审查更生计划，决定认可与否。更生计划得到认可以后，开始具体执行。

*　相关人员（更生债权人，更生担保人，股东），分别就更生计划提出表决。至于表决通过需要的比例，规定如果是更生债权人需要决议权的1/2以上，如果是更生担保权人，根据更生计划里写明的担保权的变更内容，相应为2/3、3/4、9/10以上，如果是股东，规定为1/2以上。

(4)更生计划的执行与更生手续的终结

管财人，执行更生计划，监督更生公司的事业经营以及财产的处分。另外，还监督接管更生公司事业的股份公司对更生计划的执行情况。

如果更生计划得以执行，或计划的执行确实得到保障时，法院决定更生手续的终结。更生手续终结的决定做出以后，股份公司就可以脱离管财人的管理进行独立经营。与此同时，债权人便可使用在更生手续执行期间受到限制的强制执行等法律手段。

7、垄断禁止法和知识产权法

关于垄断禁止法和知识产权法有些什么规定呢？

市场经济的规则

为了使资本主义经济或市场经济良好运行，充分发挥其作用，经营者必须遵守一定规则。

市场经济的出发点是商品的买卖，所以卖主和买主之间必须诚实地进行交易。卖主不可以销售假冒伪劣的商品，买主也必须按照约定支付货款。

为了使这个规则能够被遵守，便设定了法律性的规则。交付不符合合同质量的商品，以及接受了商品但没有支付货款，这些都是不履行合同的民法上的不法行为，要承担损害赔偿的责任*。

* 如果一开始就打算欺骗对方，或者带有恶意实施不法行为，就犯了刑法上的欺诈罪，会被判刑。

像这样关于合同的规定，主要是依据民法制定的。而商家行为和企业活动的规则，则受商法、公司法等规定。除此之外，关于市场经济规则的法律规定，依据时代的要求，也出台了很多。其中，与资本主义经济基础劳资关系相关的劳动法、为了维持在市场上自由竞争的垄断禁止法、在商品交易的多样化中逐步被重视起来的知识产权法等是比较重要的法律制度。

垄断禁止法

(1)禁止垄断的历史

当迎来大企业登场的时代时，出现了大企业和其它大企业共同抬高市场价格，限制供给量，从中得到垄断利益的经营战略倾向。

一旦某一商品的社会需求增加，其价格就会随之提高，商品供给企业的利润也会增加。于是就会产生为生产这种商品而增加设备的投资行为，不久产品供给能力增加，需求饱和。像这样，根据市场上价格的自由变动，进行自由投资活动，资本主义经济就可以良好运营。

由于存在大企业垄断，即使需求加大促使价格提高，也不增加设备投资*，大企业虽然可以依然得丰厚利润，但有可能不能充分满足社会需求的状态。这样，市场就不能发挥其按照社会需要供应的调整机能。

* 既存大企业，有时候会控制自己的新设备投资，或阻碍新企业加入（开拓新的相同事业）。如果有新企业加入，既存的企业，会采取故意降低价格，使新企业不能获得利润等阻碍手段。

为了维持市场上的自由竞争，有必要制定禁止垄断的法律。世界上最早的垄断禁止法（Anti－Lrust Law）是，1890 年在美国制定的谢尔曼法（Sherman Act）。之后，美国在 1914 年，制定了克莱顿法（Clayton Act）和联邦贸易委员会法（Federal Trade Commission Act），完善了法律制度。

在欧洲，同业公会（基尔特制度，中世纪欧洲的同业公会）历史悠久，存在着容忍企业间相互协调关系的风气。在德国，20 世纪 20 年代，为了实现产业合理化也采取了奖励卡特尔（企业联合）的政策。为此，垄断禁止法是在第二次世界大战后，受美国法的影响制定的。

(2)日本的垄断禁止法

日本是在第二次世界大战后，在盟国占领时代，以推进日本非军国主义化为目的，作为经济民主化的一环，于 1947 年制定了垄断禁止法*。虽说这是日本最早的垄断禁止法，却被称为世界上最严厉的限制垄断的法律。之后，从 1949 年开始修改该法案，限制有所放松。但在 1990 年以后，又进行了强化一部分规定的法案修改。

* 正式的名称是，禁止私人垄断和确保公正交易法。

现行的垄断禁止法，在一个交易领域，防止限制市场竞争的行为，或以遏制大企业有可能发挥垄断力量的状态作为目的*。

* 不只限于一个领域，也有限制在多个领域发挥垄断经济力的

大企业的措施。在1947年的垄断禁止法中，原则上禁止控股公司依靠拥有股份而支配多个大企业。但是在1997年的修改法案中，解除了对控股公司的禁止，改变为禁止大企业依靠拥有其它公司股份过度集中对其事业支配力的规定。

为了保证垄断禁止法的有效实施，成立了公正交易委员会*，公正交易委员会归内阁总理大臣管辖，拥有按照裁判标准进行审判的司法权限，是行使职权的独立性得到保证的委员会**。

* 取得国会同意，由内阁总理大臣任命委员长、委员（4人）构成，拥有检查官、包括持有律师资格的职员这样强有力的事务总局。

** 公正交易委员会除了受理、认可企业、事业团体的报告、申报等作为行政机关的职能之外，还拥有处理违规事件的权限。如果有可疑的违规事件，将进入企业进行调查。如果发现违规行为，将会劝告对方停止违规行为及杜绝违规状态，命令其缴纳罚款。违规者提出异议时，召开审判会，进行判决（相当裁判的判决）。对判决有异议的违规者，可以向法院提出诉讼取消判决。重大的违规事件，公正交易委员会要将违规者告发到最高检查院。判决有罪的话，违规者将被处以罚款及判处徒刑等。

a.禁止限制竞争的行为

垄断禁止法禁止的内容有：①私人垄断、②不正当地限制交易 ③不公正的交易方法。

私人垄断是指，事业者（企业等）单独或者共同，排除其它事业者的经济活动，或凭借其支配地位，实质上限制对方竞争的行为*。

* 禁止大企业通过合并竞争对手、取得股份支配企业、兼任两个以上同行企业的董事、接受竞争对手的营业转让和重要固定资产转让等方式来限制市场上的竞争。

限制不正当的交易是指：事业者和其它事业者共同决定价格、限制生产量、限制销售量、限制交易对方，从而实际上限制了竞争*。

* 一般，禁止被称为卡特尔的行为。

不公正的交易方法是指，不正当且差别对待其它的事业者，以不正当的价格进行交易，强迫竞争对手的顾客和自己交易，无理阻碍竞争对手的交易等*。

* 对于一个企业，禁止集体拒绝交易行为（排货）及交易方在向其它事业者销售商品时的价格指定行为（再销售价格维持契约）等。但是，著作物（书籍、杂志、报纸、音乐 CD、音乐磁带、唱片）和公正交易委员会指定的产品（截止 1997 年指定了化妆品和药品两种、而现在没有特别规定），允许再销售价格维持合同。

b. 垄断市场结构的纠正

大企业在一个市场上，一旦拥有庞大的市场占有率，就有可能产生限制竞争的结果。为了防止这种情况发生，大企业的市场占有率过大时*（垄断状态），公正交易委员会有权命令将其营业的一部分转让给其它企业**。

* 现行法律规定，在年交易额超过 1,000 亿日元的商品市场，一个公司占 50%以上、两家公司占 75%以上的市场占有率时，就会出现供需关系缺乏价格变动、企业利润率超过标准等情况。

** 禁止限制竞争行为的措施，始于美国谢尔曼法。调整垄断性市场结构的措施，开始于 1945 年对美国铝（阿尔卡耐蚀铝合金）公司颁布的企业分割命令的判决，作为禁止垄断政策，树立了新的理念。在日本，1947 年法律规定了这项措施，在 1953 年的修改中删除了该项措施，1977 年的修正再一次设定了该项规定。但是，应用这一规定的实际事例，至今未发生。

知识产权

除了不动产和债权这样的财产之外，还有一种财产虽然无形，但是有价值的。它们被称为无形财产和知识财产*。如今，也制定了保护知识产权所有者权利的法律**。

* 分为几大类：①因人类创造性劳动而产生的（发明、设计、植物的新品种、设计图案、作品等）②企业的商业活动中所使用的东西（商标、商号、商业秘密等）。

** 有关于专利权、经济实用的新式样专利、外观设计专利、种苗培育者权、商业秘密的权利，著作权、商标权、商号权等权利，由专利法、经济实用的新式样法、外观设计法、种苗法、防止不正当竞争法、著作权法、商标法、商法等法律保护。关于这些权利的拥有时间做了如下规定：商号权的有效时间为无限期、著作权的有效时间是在作者死后 50 年（电影公映后 70 年）、专利权为 20 年（根据具体情况可能延长 5 年）、种苗培育者权为 20 年（根据品种不同有可能是 25 年）、外观设计专利为 15 年、经济实用的新式样专利为 10 年、商标权为 10 年（可以更新）。

工业所有权法

专利法、实用新型法、外观设计法、商标法，在狭义上被称为工业所有权法。

保护工业所有权法律的历史是从 1474 年的威尼斯专利法和 1624 年英国的专卖条例（Statute of Monopolies）开始的。而且，只在某一国实行保护效果不大，为此进行了国际法配备。在 1883 年巴黎条约（工业所有权保护同盟条约）得到签署，此后不断改善并强化。日本也整顿了国内法制，于 1899 年加入了巴黎条约。

与工业所有权有关的事务，由专利厅（经济产业省的中央直属局）进行管理。为了取得专利权，要向专利厅提出申请并接受审查，然后才能作为专利被承认注册。提出申请需要详细的说明书，所以一般都由辩理士代理提出申请。

* 专利厅举行的辩理士考试的合格者、有律师资格的人等在辩理士协会注册，成为律师。辩理士除了可以代理提出申请之外，当对他人的专利提出异议时也可代理提出裁判无效的申请。

工业所有权是一种财产权，所以它是买卖对象。而且，可以对侵害工业所有权的人提出停止侵害和索赔的要求。在判决侵害事件中，专利厅对侵害是否成立的判定，作为证据受到重视。

* 专利权等，可以对其它人承认其实施权（利用权）。实施权可分为仅对个人承认其实施的专用实施权，和对多人承认实施的通常实施权。实施费用（利用费用）被称为专利权使用费（Royalty）。

植物的种苗培育者权也同工业所有权一样对待，从提出申请到注册的事务均由农林水产省负责。

著作权法

著作(小说、脚本、论文、音乐、话剧、绘画、雕刻、电影、摄影、建筑、地图、图表、程序和基础数据等)的作者,或进行现场表演、广播等现场表演家的权利被著作权法所保护。

作者等的权利分为作者人格权、著作权、出版权、现场表演家的人格权、著作邻接权而受到保护*。

* 作者人格权是指,作者将未发表的著作公开发表的权利、署名,保护作品同一性的权利(拒绝更改或部分删除)。著作权是作品的复制、公演、演奏、上映、广播、展览、颁布、翻译、转让、转借等权利。出版权是出版作品的人(出版社等)的权利。现场表演家的人格权是演员、演奏家、歌手等署名的权利、保护同一性的权利。著作邻接权是指对现场表演家的表演进行录音、录像、广播的权利、制作唱片者、广播事业者的权利。

著作权是在著作等被创造时同时产生,因此没有必要进行登记等手续。但是,为了确保著作权等交易的安全,可以在文化厅厅长管理的登记簿上登记转让的事实等。

当著作权等受到侵犯时,可以向法院请求停止侵犯、损害赔偿、恢复名誉等。

关于著作权,有 1886 年在瑞士的伯尔尼签订的《保护文学和艺术作品伯尔尼条约》、1952 年订立的《关于著作权保护的国际条约》、1995 年生效的 WTO(World Trade Organization)协定的附属文件《与贸易有关的知识产权协议》等三部国际法。

不正当竞争防止法

随着知识产权范围的扩大,产生了以前的法律保护不周的情况。因此,日本对以前的防止不正当竞争法(1934 年公布)做了很大修改,新的防止不正当竞争法于 1993 年公布。

新的防止不正当竞争法禁止了下列新时代条件下的不正当竞争行

为①使用和他人商品相同的表达(供给人的姓名、商号、商标、包装等),生产、销售仿制商品的行为;②增加了像关于商品的原产地、质量、用途、数量等容易让人产生误解(虚假表达以及夸大的广告)这种以前就作为不正当竞争行为而被禁止的行为;③以不正当手段获取、使用、公开商业秘密(生产方法、销售方法、储存的数据等)④提供、贩卖以不正当手段侵入电脑等的装置、程序的行为等。

对于有不正当竞争行为的人也加强了处罚力度,除了罚款之外还增加了判处徒刑这一项。

8、劳动法

保护劳动者的制度是如何制定的呢?

近代法律和劳动法

资本主义社会是为满足社会需求的供应而以商品生产这种形式运行的社会,主要是资本家(企业)雇用劳动者(从业人员)生产商品。因此,规定雇佣劳动关系的劳动法,在资本主义社会发挥了极其重要的作用。

在以保障个人所有权和合同的自由为基本原理的近代法律下,雇佣劳动关系(雇佣关系)是基于独立对等的当事人之间的自由意志而建立的合同关系。但是,资本家(企业)和劳动者之间,在经济力量上存在差异,因此这种合同关系有可能对劳动者不利。

所以,劳动者组建工会,和资本家(企业)进行团体谈判,争取获得有利的劳动条件,如果改善待遇的提案不被接受,便举行罢工等劳动争议行动,要求实现自己的要求。像这样的劳动者的行为,在欧洲,18 世纪中期就开始盛行,最初这被判定违反法律,成为处罚的对象*。随着资本主义的发展,劳动者的运动也扩大到国际领域,劳动者的权利被法律承认,劳动法体系也被纳入到近代法律当中**。

* 结成工会本身受到禁止,通过集体和资本家交涉,被认为是威胁他人的行为,因罢工等给资本家造成经济损失可以请求赔偿,封锁工

厂(由纠察队阻止非工会成员的劳动者进入工厂)将以侵犯个人财产、妨碍业务等罪名作为刑事犯处理。

＊＊　在英国,1824 年工会合法化。1875 年,合法的工会举行的劳资谈判、封锁工厂不再作为刑事犯的对象。1906 年,因工会罢工给企业带来的损失不能请求赔偿。在日本,从 1920 年开始也出现了制定工会法的活动,但因为资本家集体的反对未能实现,第二次世界大战日本战败后,1945 年 12 月首次得以立法。

残酷使用劳动者,不仅受到人道主义的批判,而且从劳动力再生产的观点来看也是不恰当的。让童工或妇女从事重体力劳动,会给其身体成长带来不良影响,导致下一代劳动者不能健康发育成长。而且让成年劳动者从事过重劳动的话,他们也有可能由于生病、受伤等原因而导致劳动力不足。从保障劳动力这一观点出发,开始采取了禁止带有恶劣条件的雇佣合同的措施。*

＊　1802 年英国制定的学徒健康与道德保全法可以说是规定劳动条件的第一部法律。之后,在各国不断推进被称为工厂法的法律的制定。在日本,1911 年公布工厂法并于 1916 年实施。

劳动者在被雇用期间能够安定生活,可是当生病、失业时,生活就会变得窘迫。因此,要求建立预防生病、失业的社会制度的工人运动变得活跃起来,制定了诸如工伤补偿、疾病保险、失业保险等制度*。这些制度也和劳动法一起起到了保护劳动者的作用。

＊　疾病保险,1883 年始于德国,第二年设立了工伤保险法,1889 年设立了老年残疾保险法。失业保险始于 1911 年的英国。第一次世界大战之后,人类要有真正的生活权利(生存权),国家有义务保证劳动机会,所以也应当支付失业者的生活费,这样的想法开始普及。1919 年制定的德国魏玛宪法就是明确记载了这种生存权的最早的宪法。

日本在 1916 年制定了以矿山工人为对象的工伤补偿制度,1922 年公布了健康保险法,1926 年开始实施。失业保险是在第二次世界大战后的 1947 年首次引入法律。

日本的劳动法体系

日本劳动法体系的最大特色就是劳动法的基本原则在日本国宪法中被正式规定。首先,日本国宪法规定了所有国民拥有维护健康、从事文化的最低限度的生存权利(第 25 条)。为了享有文化生活,必须保证劳动的权利。因此,依据宪法第 27 条,全体国民有劳动的权利和义务,并且强调工资、就业时间等劳动条件的标准依据法律而定。据此,制定了确保劳动机会的法律——职业安定法、雇佣对策法等。关于劳动条件制定了劳动基准法、最低工资法、劳动安全卫生法等。

并且,宪法第 28 条,明确记载了劳动者团结组织工会的权利(团结权)、和用工方交涉的权利(团体谈判权)、举行罢工等行动的权利(团体行动权或争议权),这三种劳动权利称为"劳动三权"。而且,关于保护及规定工会的工会法,关于调整劳动争议、限制和禁止公益事业劳动者、公务员争议行为的劳动关系调整法和国家公务员法、公共企业劳动关系法等规定了其中的具体内容。

劳动基准法和工会法

我们先来看一下在日本的劳动法中占有重要位置的劳动基准法和工会法*。

* 和劳动基准法、工会法一起被称为劳动三法之一的劳动关系调整法,在劳资关系稳定、劳资纠纷发生次数大幅度减少的今天,其重要性相对降低,故省略说明。

劳动基准法是规定关于工资、劳动时间、休息日、带薪年假、工伤补偿、就业规定等基准和违反时处罚的法律。不符合这个法律标准的劳动合同、劳动协约、就业规则等是无效的,必须要适合劳动基准法规定的标准。

而且劳动基准法设立了被称为劳动宪章的条文。其中,明确规定禁止基于国籍、信仰、身份的歧视待遇,要求男女同工同酬,禁止强制劳动,消除中间剥削,保障公民权行使等劳动关系的基本原则*。

* 劳动基准法之所以包含这样的内容是因为在 1947 年制定该

法律时，是打着“清除残存在劳动关系中的封建残余制度”的旗号的。第二次世界大战前的日本劳动条件恶劣，工人的权利不能得到保障，这被认为是日本对外侵略的原因之一，因此战后劳动法才得以立法。

工会法（现行法于 1949 年公布）是明确规定宪法第 28 条关于保障劳动三权（团结权、团体谈判权、争议权）内容的法律。

规定工会合法资格的条件，明确工会有代表和雇主（企业）就劳动协约谈判的权限。禁止雇主妨碍工会活动和不回应劳资谈判的行为（不当劳动行为）*。

* 以加入工会为理由解雇工会会员或采取区别对待、以不加入工会为条件雇用工人、无正当理由拒绝跟工会代表谈判、介入工会的管理等，都被认为是不当劳动行为。

当团体谈判不能达成协议时，工会可举行同盟罢工（工潮）。超过半数的工会会员赞成而决定的罢工，被认为是合法的，对于因此而产生的损失，雇主不能请求赔偿（免除民事责任）。也明确了劳资谈判和罢工在不实行暴力行为的情况下，免除刑事处罚（免除刑事责任）。

工会就依靠劳资谈判和争议而获得的劳动条件要与雇主交换书面劳动协约。规定劳资双方签字的劳动协约，3 年有效，到期重新签订协约。

设置劳动委员会作为调整劳资关系的公共机关。由人数相同的雇主代表、工人代表、公益代表三方构成劳动委员会，拥有解决劳资纠纷的权限*。

* 劳动委员会有中央劳动委员会和都道府县劳动委员会，另外，在中央和地方设立了处理船员劳动关系的船员劳动委员会。劳动委员会在劳资纠纷方面拥有进行斡旋、调停、仲裁的权限。同时，在认定不当劳动行为上拥有命令救济的权限。

社会保险制度

与劳动法一起，健康保险、工伤保险、失业保险、养老金等制度，作为保障劳动者生活的社会安全网（Safety Net）尤为重要*。

* 因各项制度改革正在进行之中，所以在说明关于健康保险、失

业保险、养老金保险的现状时所使用的数据等是2006年的数值。

健康保险根据职业的不同分为几种情况。普通工人加入由政府和企业、共济工会管理的健康保险;个体经营业者、退休人员等加入地方自治体管理的国民健康保险*。参加健康保险的人,根据收入担负保险费的一半,剩下的一半由雇主(雇佣主人)负担。如果是国民健康保险,那么加入者要支付保险费全额。加入者本人和其家人生病、受伤的治疗费,自己负担一部分(30%),剩下的由健康保险支付。

* 除此之外,老年人(75岁以上)可适用于老人健康保险。

雇佣保险是在失业时能够领到救济金的制度,是所有用人单位必须参加的强制保险,由政府运营管理。雇佣保险金是将工资的一定比例由雇主一次性交纳(普通企业1.95%),其中的一部分(0.8%)由工人负担。失业者到公共职业安定处登记,一边找工作,一边领取失业基本津贴和技术学习津贴等*。

* 基本津贴是退职前6个月的1天平均工资50～80%的金额(设有上限),按照保险加入期间和年龄支付90～360天。救济金的75%从雇佣保险费公积金中支出,25%由国家财政支出。

日本的养老金制度由全体国民加入的国民养老金、民间劳动者加入的福利养老金、公务员加入的共济养老金这3种公共养老金保险制度构成。加入者根据收入交纳保险费(福利养老金是收入的13.58%。劳动者和企业分摊),达到一定年龄之后领取养老金。养老金金额根据保险费的支付金额和支付期间决定。虽然养老金公积金作为财源,但在国民养老金中被称为基础养老金部分财源的三分之一是由国家财政负担的*。

* 预计进入老龄化社会后,养老金领取者会增加,维持养老金制度变得困难,所以必须改革现行制度,从2004年开始这就成为一大政治问题。

日本劳动法今后面临的课题

劳动法的体系及运用随着时代而发生变化。20世纪80年代后半期为了适应产业临时工和小时工及劳动市场的变化,推进了规定非正规从业人员劳动条件的劳动派遣法(1985 年)、短期劳动者雇佣管理改善法(所谓零工劳动法。1993 年),另外还推进了针对女性不断向社会发展的男女雇佣机会均等法(1985 年。1997 年修订)及育儿休假法等的制定。

在 20 世纪 90 年代严重的经济不景气情况下,企业为了抑制由于终身雇佣及按照工龄、贡献决定报酬的年功序列型工资制度而增加的人员成本,开始裁减正式员工,增加雇佣临时工及小时工。因而加强保障这些工人生存权的制度成为时代的需要。而且,随着女性进一步走向社会,要求放宽以往女性保护规则的劳动法的活动,以及对在录用和晋升上彻底禁止男女区别对待规定的活动也在不断高涨。如何解决这些问题是今后的一大政策性课题。

第三章　企业的经营

1、经营战略

企业的经营战略是在怎样的选择范围内决定的?

企业经营的各个方面

资本主义企业是以获得利润为目标的组织体。要获得利润，首先需要决定开展什么样的事业活动这一基本方针。也就是决定经营战略，然后按照经营战略，最高效地开展事业活动。而在评定事业活动成果时，如果没有达到预期成果，则需要对开展事业的方法，甚至对经营战略进行重新探讨。决定经营战略⇒开展事业⇒评定成果⇒重新制定战略这一系列的活动，就是企业的经营。

企业的经营包括人员、商品、货币、信息等各个侧面。在人员方面，企业是由所有者(出资者)、决定经营战略并对执行经营战略进行管理的经营者、担任事业活动的员工构成的组织，企业的经营会随着三者关系的变化而产生变化。在第一章“企业的历史”中可以看到，最初出资者同时兼任经营者这种情况的资本家较为普遍，到 20 世纪的大企业时代，出资者(所有者和股东)和经营者分离，“所有权和经营权的分离”有所进展。在此情况下，可能出现出资者意向和经营者意向相背离的情况，如何对二者进行调整就成为现实问题。在决定包括选出经营者方法在内的经营战略并对执行经营战略进行管理的过程被称为“企业治理”(Corporate Governance)。

相对于出资者和经营者，员工是受雇用的一方，两者的利害关系可能产生对立。在第二章“企业与法”里可以看到，劳动法体系正是调整此利害关系的框架，而在日常的企业活动中，创造令员工满意的工作环境是很重要的。如何让每个员工都具有积极工作的动力(Motivation)，并提高员工整体的积极参与工作的精神(Morale)，是劳务管理和人事管理的课题。

在企业经营的商品方面，企业活动可以概括为购入物资或服务并进行生产和销售，在以竞争为原则的市场经济下，利益取决于用较低的成本制造销路较好的产品，并且还要讲究方法善于销售。挖掘市场需求产品的研究开发 R&D 活动、高效率地制造高质量产品的生产管理以及质量管理、开拓销售途径的销路管理、市场调查活动等，都是企业的核心活动。

在企业经营的货币方面，主要有筹措事业活动所必需的资金、日常活动所需流动资金的管理、作为事业活动成果的货币计算、分配利益等活动。财务管理和会计管理起到总括企业活动成果的作用。

在企业经营信息方面，包括保持企业内部所需信息的迅速、顺畅地交流，接收外部信息并向外部发送信息，并对这些信息进行保存和管理等。在企业内部信息流通方面，因为根据产品的销售情况及时调整生产的机制非常重要，所以需要构建与产品的销售管理、库存管理和生产管理、原料库存管理相连接的信息网络。在与外部交流信息方面，一方面一直有产品的广告宣传活动，另外最近企业的社会责任倍受重视。在要求企业遵守法律(Compliance)的同时，有关企业活动的信息也被要求公开(Disclosure)。企业的社会评价是关系到企业业绩的重要因素，因此为提高企业社会价值的信息提供也日益重要。另外，随着被称为 IT 革命的信息处理技术的飞速进步，即使从保护顾客个人信息的观点来说，防止泄露企业机密也很有必要，所以信息管理在企业活动中的重要性也日渐提高。

在第三章“企业的经营”中，将针对企业经营的这些各个方面，论述其基本情况。

经营战略的类型—短期利润最大化和长期利润稳定化

企业经营的基本目标被称为经营理念。经营理念多为根据社会需求开展活动，对社会做出贡献等是一般的价值追求。资本主义企业也在社会中开展活动，因此社会贡献成为企业目标也理所当然。但是，企业更直接的目标*是获得利益，并为此而制定经营战略。

* 在欧洲中世纪时期，天主教教义认为追求利益是卑劣之事。直到16世纪宗教改革，新教产生后，人们开始认识到获利是对社会需求供给的结果，而开展有利于人们的经济活动并取得利润是合乎神的意志的行为。德国的社会经济学家韦伯(Max Weber 1864—1920)指出，新教肯定利润和禁欲的精神是近代资本主义发展的基础。

以获利为目标时，在实现这一目标的战略方面有很多选项。如果以时间为轴进行区分，则有短期利润最大化和长期利润稳定化这两个选项。比如，对现存盈利性较低的部门可采取的处理措施有：将其卖给其它公司，以提高当前利润率；或者增加低收入部门的资源投入，以提高将来盈利性这两种战略。像美国的股东大多要求高利润分配和高股价上涨率，追求短期利润最大化的战略倾向也较强。而在日本，企业间互相持有对方的股份，成为稳定大股东的情况较多。因为大股东并不是单纯地追求短期利益，所以日本采取长期的企业发展战略的倾向较强*。

* 1990年经济萧条时，企业间互持股份的关系有所减弱，投资机构和个人股东增多。在股票市场，重视企业当前业绩这一倾向有所增加。日本企业选择长期、稳定的发展路线的另外一个原因是终身雇佣职员这一制度。为了维持的企业内雇佣，企业需要长期地不断扩大行业规模。企业间的互持股份关系和终身雇佣制都在逐渐瓦解，所以日本企业也存在重新选择战略的可能性。

将经营目标放在利润最大化还是扩大市场占有率(Market Share)上也是企业面临的选择。比如假设可以降低产品的生产成本，那么则有以下两种战略可以选择。其一，保持产品价格不变以获得比其它公司更多的利润，其二，降低产品价格，扩大产品销路。扩大产品销路会产生规模效益，一般可能会采取此种战略。但是，如果存在垄断或寡头垄断市场，那么利润最大化战略则是合理的选择*。一般认为，日本的企业更侧重选择扩大销路和提高市场占有率，这是因为日本市场是竞争性的市场，而且整体来说是处于扩大倾向。另外，和上述企业扩大规模长期的战略一样，与股东和雇佣人员的关系也影响到企业的战略选择。

＊　在存在大企业垄断或寡头垄断等情况下的不完全竞争市场，企业倾向于采取协调的战略。在这种情况下虽然不容易产生价格竞争，但是依靠产品质量和品牌力量，增加市场占有率的非价格竞争变得更为激烈。

企业的利润—保本点

当企业的销售额超过投入费用时，企业便产生利润。在说明利润时，会经常使用保本点这一术语。投入生产和销售的总费用可以分为固定费用和可变动费用。固定费用是指利息、租赁费、机器设备的折旧费等与销售额无关而又经常产生的费用；可变动费用是指工资、原材料、燃料费、运费等随着销售额变动而产生变化的费用。销售额较低时会产生损失，销售额达到一定程度时，会超过总费用产生利润。能够产生利润的销售额最小值如图 3-1 所示，被称为保本点。

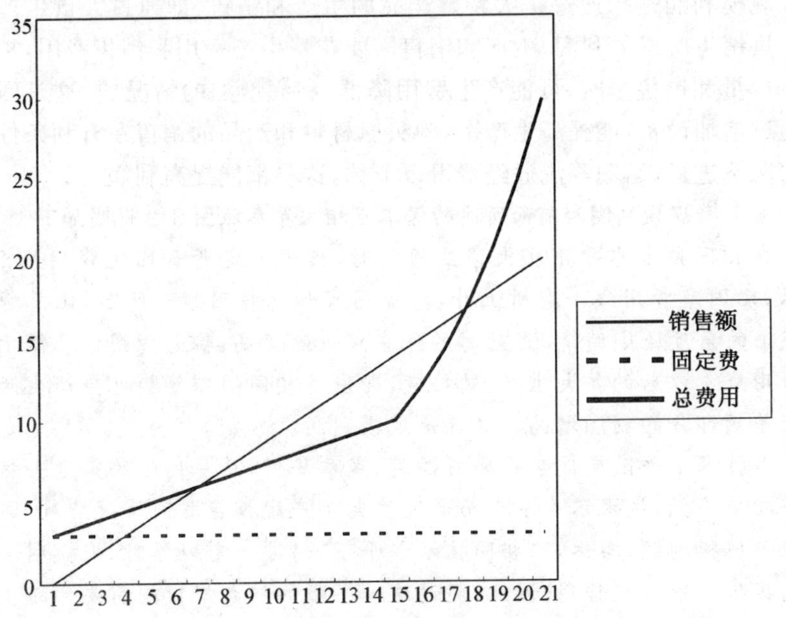

图 3-1　保本点（横轴为销售额，纵轴为费用）

固定费用和可变动费用的总和，即总费用和销售额的交叉点也就是保本点。如果在保本点以上增加销售额的话，由总费用线和销售额线所构成的三角部分即是利润。总费用线在生产、销售额超过一定限度时，将会向上方曲折。这是因为在机械和设备水平一定的情况下，如果超限度地扩大生产和销售，一般来说生产能力将会下降。这被称为边际收益递减原理。

企业如果想扩大产业规模，需要在边际收益递减原理发生作用，利润减少之前，在既有技术水平的基础上增加新设备，或者重新配备新技术水平的设备。

规模利润和范围利润

在扩大企业事业规模时，有重视规模利润(Scale Merit，Economies of Scale)的战略和重视范围利润(Scope Merit，Economies of Scope)战略这两种选项。

规模利润是指通过扩大特定产品的生产和销售，即通过大量生产和大量销售所得的利润。生产和销售需要花费生产费用和销售费用，扩大生产量和销售量时，可能产生费用降低、利润增加的情况*。这是因为通过增加设备，能提高生产率，购买原材料和产品的销售在有利条件的情况下进行，运输等流通经费得以节约，这些都能提高利润**。

* 将规模利润和前面所述的保本点相联系参照图 3-2 说明如下。

在相同技术水平下扩大事业规模时，出现固定费如固定费用线 2 所示，比固定费用线 1 有所上升，总费用线如总费用线 2 所示，比总费用线 1 的角度还小的情况。此时的保本点虽然变高，但总费用线 2 低于总费用线 1 以后的扩大生产、销售额，即使是相同的销售额也会产生两条线差额部分的利润增高。这就是规模利润。

当技术水平改变使生产率提高时，成本降低，总费用线的角度当然也会相应降低。技术水平不变而通过扩大生产规模获取同等效果时，即产生了规模利润。当然，在相同技术水平下，超过一定规模时，规模利润达到极限将不再起作用。因此，超过这一界限的扩大规模就需要伴随技术革新。

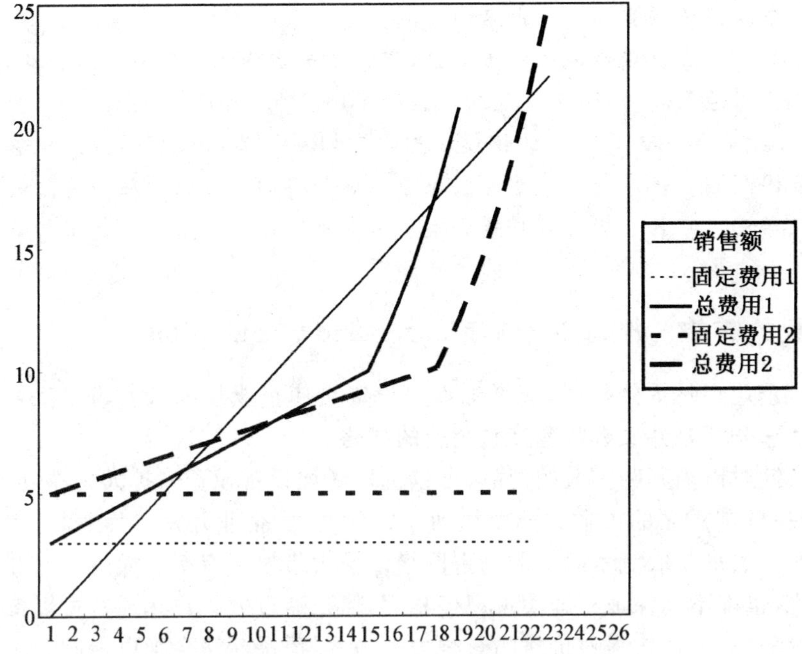

图 3-2　规模利润(横轴为销售额,纵轴为费用)

实际上,在扩大规模的同时,通常也会引进新技术。通常是规模和技术革新这两方面带来利润的增加。

＊＊　规模利润通常适用于钢铁业、汽车业、化工业等适合大量生产的行业,而需要熟练技能劳动者的金属加工业和精密机械工业等行业的合理规模较小。

范围利润是指通过增加商品的种类和行业领域所得的利润。比如类似的商品可以利用共同的机械、设备、原材料、技术、生产方法、销售网等,实现增加品种的同时降低费用*。另外,开拓相关的行业领域,可以利用共同的技术积累、信息网以及销售网等,通过产品间的相关性降低费用**。

＊　在汽车产业的历史上,福特(Henry Fort)通过大量生产福特T型车追求规模利润,而美国通用汽车公司(GM,General Motors Corporation)的斯隆(Alfred P. Sloan. JR)则生产不同价格的、多品种

的汽车获得范围利润是很出名的事例。

＊＊ 在德国钢铁业的历史上，钢铁公司扩展业务领域到采矿业，降低公司原材料费用，获得范围利润的事例有很多。拥有铣铁业和制钢业、轧钢业等一连贯生产的钢铁公司也可以从产品的相关性生产中取得范围利润。化学工业通常也按照原料和产品的相关性开展多样化的企业活动。零售业中的百货店和超市也是具有追求范围利润特征的行业。

企业的兼并·收购（M&A，Merger and Acquisition）

企业在扩大规模时，有增加设备投资量使企业规模扩大的战略和与其它公司兼并或者收购其它企业的战略。

针对市场不断扩大的商品，可以选择增加设备投资来扩大规模，但是，一旦其产品的市场成熟度达到一定程度时，企业开始选择兼并、收购的做法来获取竞争对手的销售网络以扩大市场占有率。通过兼并和收购，也许不能保证立即实现规模利润，但是通过大规模化通常可以提高竞争力，或者增强对价格的影响力。当然，反垄断法会加以限制。

在追求范围利润进军新的行业领域时，公司为了规避独自发展新业务的风险，经常会采取兼并既有公司或者收购相应部门的方法。企业在开展多领域业务时，通常会采取在各业务领域独立建立子公司，以核心企业持股形式成立企业集团。核心企业作为控股公司（Holding Company）统管集团企业。

在全球化时代，跨国企业逐渐增多，在追求规模利润的过程中，跨国企业通常采取与他国企业成立合资公司，或者收购他国企业股份作为自己附属公司列入管理系统等兼并、收购战略。

2、意向的决定和执行机构

企业是怎样做出意向决定，并组成了怎样的组织机构实行其决策的？

股东与董事·执行委员

决定企业基本经营战略的是企业的所有人，即出资者，如果企业形态是股份公司，企业的所有人即为股东。股东在最高决策机构股东大会上，决定公司的规章（定款）、股份发行、领导干部、利润的分配等。如果决定开拓新的行业领域，必须变更在公司规章里记述的公司目的，如果要扩大企业活动，还要决定是否发行新的股份，兼并其它公司时也需要股东大会的表决。股东负责决定诸如上述这些公司的基本战略，而执行公司基本战略时的一些具体的经营战略的制定和执行，则委托股东大会选出的董事负责。如果董事没有取得预期的经营成果，股东可以将其解任并选定新的人选，以便能使自己的意见反映在企业经营上*。

* 在美国，重视利润分配和股价的个人投资家和投资机构占股东的大多数，按股东的意愿对经营者进行任免的事例较多。在日本，公司之间互为股东即互相持股的关系较多，大股东基本不积极干涉干部人事，干部的选任基本上是在经营者的主导下进行。

董事在董事会上对经营战略的具体化进行策划，并发出执行战略的批示，对执行的过程进行监督。董事会按照公司法的规章，选出代表公司的董事长，如果公司的规章里有规定，那么还要选出会长、总经理、副总经理、专务董事以及常务董事。各个职务的权力范围、责任范围和职务分工制度准则等在公司内部的文件里都有明示。董事一般在制定经营战略的同时也负责执行业务。

但是，也存在选任执行委员来负责实行董事会制定的经营战略的情况。公司规模较大时，董事主要负责制定公司的经营战略和监督其执行情况，而执行战略的具体业务则委托给执行人。此种作法更能明确划分责任，并能迅速根据经营环境的变化进行事业管理。执行业务的最高经营负责人称为CEO (Chief Executive Officer)，负责财务的最高负责人（财务总监）为CFO（Chief Financial Officer)。在业务执行方面，除CEO之外也有设置运营总监COO (Chief Operating Officer) 的情况。

政策的决定虽然也有在强有力的个人经营者主导下进行的情况，但是一般都采取协议制。董事会、常务会（由常务以上的董事构成）、执行委员会等提出议题，在讨论的基础上决定是否采纳。

劳资协商制

因为企业的经营战略与员工的生活息息相关，所以战略决策应该反映员工想法意愿。德国在 1976 年的“共同决定法”里规定，在大企业（员工 2,000 人以上）中，监查会*成员的半数必须为员工代表，这从制度上保证了员工参与经营。

* 德国的监查会拥有选定董事的权限，起着发挥最高经营会议的作用。监查会能决定的事项有兼并、新设工厂、以及在海外开展事业等经营战略。

在日本，劳资协商制以经营协商会、劳资协商会的形式存在，但没有法律条文规定。公司在决定建设新工厂或者引进自动化机械设施等对劳动环境产生重大影响的事项时，通常事前在劳资协商会等场合与劳动工会代表以及员工代表进行协商。

执行部门与管理部门

执行经营战略需要正确可靠的经营组织。企业是一个朝着某一目标而开展活动的人的集团，因此与军队相似，通常被认为是由具有效率高、功能强的组织构成。近代军队作战时，通常是在策划作战方案的参谋部(Staff)和实战部队(Line)的不同分工下进行。企业在规模较小，可以由经营者直接对现场进行指挥管理并开展企业活动，但在企业规模变大时，必须划分为管理部门(Staff)和执行部门(Line)以开展活动。

企业的管理部门负责具体制定企业活动的方案，筹措企业活动必需的资金，引进企业必需的技术和人材，支持企业活动顺利进行，并对企业活动的成果进行评估和总结。执行部门负责进行实际的生产、销售、购买；管理部门和执行部门相互协调，共同开展企业活动*。

* 管理部门配置有负责公司计划、调整、统管等管理业务的管理部门（计划部、调查部、管理部、财务部、监查部、经理室、秘书室等）和辅助执行部门、为执行部门提供服务的专业部门（人事部、会计部、总务部、技术部、促销部、信息管理部、宣传部等）等。执行部门包括工厂、店

铺、分公司、分店、营业所、仓库、运输基地、信息基地等，是生产产品或者提供服务的现场的核心部门。

管理和执行部门分担各自的专业工作，积累专业知识和技能，具有通过分工高效率进行企业活动的优点。但是，如果不注意部门间的信息交流和统一思想，很容易产生官僚制度常见的部门主义以及管理部门庞大，从而导致效率低下。

集权化与分权化

当企业规模扩大，事业领域增加以及商品种类更加多样化时，就很难对所有的事业活动进行集中管理。董事和执行委员确定各自负责的领域，对业务执行进行指挥和监督，但是决策权限集中在董事会这样的集权管理方式有它局限的一面。为此，有必要在某种程度上将决策权限转移给下属组织，进行分权化管理*。

* 关于权限的下放，在设备投资、研发费用、促销费、资金运用费等可以用金额表示的部分设定一个固定额，额度之下权限可以转移给下属组织。人事和劳务管理方面，在特定的工作种类和职位范围内可以将录用和人事变动的权限下放。在采购原材料以及销售产品的数量、价格方面，根据与利润管理方法(引入独立结算制度的程度)的关系决定权限下放的程度。

同种产品在多个工厂生产、多个销售点销售的企业，将设置生产本部和销售本部，并分别设立负责指挥和监督各个工厂生产和各营业所销售的各职能部门组织。生产和销售的决策，在一定范围之内由各部的部长负责。分权化管理发展到一定程度，销售本部独立成为分公司，或者销售公司。分公司或者销售公司将从负责生产的总公司购买产品进行销售，独自实行利润的核算，这被称为独立核算制。

在拥有多个事业领域和实现产品多样化的企业，采取各事业部门负责制的分权化制度。按事业领域或者按产品类别分别设立事业部，事业部长对生产和销售进行统一指挥和监督。通过从原材料购入到产品销售实行统一的管理和明确收益责任，这能使企业的经营效率得到提高。为了加强事业部的独立核算制，可以采取 COMPANY 制度(在公司内部设立形式化的公司),或者独立事业部,成立子公司。子公司采取独立核算制,但是通过派遣干部、持股等形式,总公司的经营战略在企业活动中也可以得到充分体现。

企业在众多地域开展活动时,可以在各地设立子公司,采取独立核算制,在资金流通和主要人事方面由总公司管理。跨国企业等大企业多采取上述组织形态。

公司治理(Corporate Governance)

企业是由出资者(股东)、经营者、员工组成的组织,并与产品买卖、资金流向相关的第三者,或者更广泛地与社会上的普通人士发生关系。如果未调整好利益相关人员(Stakeholder)之间的利益平衡关系,企业活动就不能顺利进展。特别是统领企业活动的经营者的决策和行动对利润相关人员的影响很大,所以需要对经营者进行监督,看他们是否做出了适当的判断和行动。如果发现不妥当的判断或行为,则需要能及时对其进行改正。也就是说需要企业管理公司的机构。

在出资者(股东)和经营者的关系方面,股东大会有任免董事和监事的权限,所以股东的监督检查功能很强。只是股东大会的决议遵循少数服从多数的原则,大股东与经营者关系密切时,监查作用会相应减弱,所以日本的大企业间在相互持股的情况下,容易形成互不干涉人事制度的这种默契。

为了强化股东的监查作用,日本于1950年出台了股东代表诉讼制度。因经营者的原因而产生不必要的损失时,股东可以要求公司对经营者进行损失赔偿诉讼,如果公司不接受股东的要求,股东可以取代公司进行诉讼*。

* 此诉讼为股东代表公司要求经营者赔偿公司的损失,所以被称为股东代表诉讼。拥有6个月以上股份的股东无论持股多少都可以提起诉讼。为了避免这种权利的滥用,此制度后经几次修正,形成了使经营者不会负担过重赔偿责任的制度。另外,持股3%超过6个月以上的股东,当在股东大会上干部解聘议案被否决时,可以对行为不当的干部提出解聘诉讼。

在经营者之间，董事会负责监督董事和执行委员的行为。另外，监事负责财务和业务方面的监督检查。因为公司内部自身的监督力度可能偏小，所以董事和监查员由公司外部的人员担任逐渐成为一种制度。另外，也有建立监查委员会来代替监查员，监查委员的半数以上由公司外部董事构成的制度。

经营者和员工之间的利益调整由劳动工会和劳资协商制度完成。另外，为强化员工对企业活动监督职能的目的，员工在向公司内部组织或者外部通报公司中可能损害公共利益的不法行为时还设立了公益通报人员保护法（2006 年 4 月施行），以防止公司会解雇通报人员或排挤通报人员。

企业与外部的关系方面，金融机构和股票市场对企业具有某种监督功能。金融机构通过资金的借贷和有价证券的受理等可以掌握企业的活动。如果发现经营者有不当行为时，可以采取停止交易等制裁措施。在股票市场，则通过反映企业经营情况的股票的变动来监督企业活动是否妥当，起到监视器的作用。

此外，消费者团体和行政机构也有监督企业活动的作用。

公司治理系统如果有效地发挥作用，有助于提高企业的业绩和社会评价。

3、技术创新

日本的技术革新是怎样进行的？

创新概念

出生于奥地利，后又移居美国的经济学家熊彼特（Joseph Schumpeter，1883～1950）提出了创新理论（Innovation Theory），他认为资本主义发展正是仰赖于富于创新精神的企业家的经营活动。熊彼特提出的创新主要包括如下内容：①新的产品，也就是制造消费者还不熟悉的产品、或者质量更高产品的生产；②利用新的生产方法，亦即采用从未尝试过的全新的生产方法，或引进商品新的使用方法；③开辟新的市场，也即开拓以前未曾进入的市场，而无论该市场以前是否存在过；④获取原材料或半成品新的供应来源，此时亦无论该供给源是否已存在，或第一次创造出来；⑤创造新的组织，例如创造或打破某种垄断地位等。

为了区别于一般意义上的经营者，熊彼特将富于冒险精神而又乐于推进创新的经营者称为企业家(Entrepreneur)。进而，他又将某个时期经济波动的原因归结为该时期产生的创新活动。创新既是指那些连贯、集中式的技术变革，而且，某产业引进或采用某种新技术也被视为广义上的技术创新*。

* 集中地出现了技术创新代表性事例就是18世纪开始至19世纪的产业革命(参见第一章第一节)。20世纪前半期，以轿车和家用电器产品等为中心的耐用消费品开始涌现，后半叶又发生了以石油化学和电子学为中心的技术创新。到了21世纪的今天，以IT信息技术和生命科学、生物工艺学为中心的技术创新仍在进行当中。

商品的生命周期

通过技术创新所诞生的新产品，被消费者接受后开始在市场上立足、并逐步成为成熟商品。最终，它又将因新的技术创新而落伍，并从市场上消失。这一过程类似于人的生命周期，从诞生、成长，到最终迎来死亡，所以这就称之为商品的生命周期。

即便是长期存在的商品，若考虑其不断提高性能、改善生产方法等方面的创新，也有其生命周期。例如，大米、小麦等农作物会通过品种改良而不断创造出新的品种；小轿车也在不断地进行着技术升级；就算是钢铁和铜等金属制品，其制造方法也在不断发生变化。所以，具体到任何商品都是有生命周期的。

企业为了追求创新而采用新产品或新技术之际，首先要考虑其具有怎样的生命周期。实施创新首先要进行设备投资，如购买设备或建造厂房等。而为使新产品能够在市场上立足，也必须投入促进销售的初期投资。当迎来新产品的成熟期之际，为了实现规模利润，企业甚至有必要追加投资。而为了防止产品落伍，企业又必须投入开发更新产品的研发投资。因此，企业在考虑商品生命周期的基础上，采取将投入资金收益最大化的经营战略才是最理想的*。

* 对于那些生命周期短的流行产品而言，就要创建适应产品生命周期为前提的企业内部组织。例如产品管理体制(PM，Product Manager)、品牌管理体制(BM，Brand Manager)等管理组织体制，对某产品或品牌进行管理，还要保持研发、制造、销售和宣传间的密切协作关系，并对从商品发售到最终销售的全过程控管。其间，企业必须同时开展新产品的研发工作。

近代日本的技术创新

我们来看一下日本开展技术创新的具体过程。1854 年日本开国之后，来自先进国家的各种各样的技术开始涌入日本。首先，最引人瞩目的是军舰、枪炮等军用武器产品。此前，美国派遣来逼迫日本开国的铁制军舰就装备了安式炮，并以蒸汽机作为主动力。当时，日本也有大炮，但那是火药和弹丸要从炮口装入、炮身没有滑道的青铜大炮。美国军舰所用的安式炮则是钢制后装式弹道大炮，可谓是火炮技术创新的产物。钢铁也一样，日本刀所用的钢材料是以“风箱炼铁法”生产的，而若要实现钢的批量生产就必须依靠生产方式的技术创新，通过高炉或反射炉来生产炼钢。在船舶方面，日本自己仅能够制造木质帆船，这种“大和式”帆船根本不具备远洋航海能力。于是，日本快速引进了西洋式帆船以及钢制蒸汽船等新产品的制造技术。可以说，在英国产业革命中通过连锁方式开发的蒸汽机、汽船、火车、钢铁等技术创新，在落后于此近半个世纪的日本，却在开国过程中一揽子式地被引进了。

伴随着军需工业以及铁路、通信产业等国营企业为中心的技术引进，民用产品方面，日本民间企业也迅速引进、消化先进技术。其中丝绸(生产生丝的制丝及丝绸制品)和棉纺业(纺纱及棉纺)尤为显著。依靠技术创新，它们由传统手工业迅速过渡到机械工业生产方式，并成长为日本赚取外汇最多的出口产业*。

* 棉纺织业最先引进了英国广泛使用的“骡机”纺纱机，不久，又更新为美国开发生产的环式纺纱机。使用高效率的生产中等货的环式

纺纱机，大大加强了日本棉纺业的国际竞争力。引进最先进的技术来实施工业化，这被视为后进国家的优势所在。

日本之所以能够迅速实现技术创新，其主要原因如下。首先，它从国外直接引进了近代化技术。日本在限制外国企业进入国内投资的同时，通过引进机械设备、高薪聘用外国技师、派遣技术人员留学海外学习先进技术等方式，为新引进技术奠定了基础条件。早在江户时代，日本就普遍建立了被称为"寺子屋"的私立学校，所以大多数日本国民都能识读文字和运用计算方法，加之幕府及各藩创办的高等教育又培育出大批知识阶层。此外，虽然工业仍停留在手工业水平，但当时的矿工业已经很发达，而且市场经济也在全国展开。在技术层面，在钟表制作等精密机械技术以及金属精炼技术上，日本也掌握了较高的技术水平*。

* 例如，日本具有代表性的电机制造业东芝公司，其创始人田中久重(1799—1881)就曾是一位制作钟表以及自动偶人玩具的优秀技术人员。1875 年，他成立了日本第一家机械工厂田中制作所。

第一次世界大战之后，日本的生产力水平有了飞跃发展，在造船、钢铁、电气机械、化学肥料等重化学工业领域都采纳了新的技术。在动力方面，电动机(马达)取代蒸汽机而逐步普及，电力工业也非常发达。除轿车、家用电器等产品未能普及外，这些 20 世纪的技术创新成果被迅速引进到日本。军用武器的技术创新，极大促进了日本飞机、潜水艇以及坦克的生产技术*。

* 例如，当时日本建造了"初雪号"驱逐舰和号称世界上最大战舰的"大和号"，它们都是用焊接而非传统的铆钉连接方式建成的。此外，其高性能的"零式"舰载战斗机和"隼式"陆上攻击机，也都领先于当时的世界水平。

战后日本的技术创新

第二次世界大战爆发后，日本从欧美进口机械设备和引进技术的渠道被切断，于是，它被迫致力于突破难关而实现技术自立。在此期间，出现了合成纤维、合成橡胶、聚乙烯等在战后得到迅速发展的新技术。

虽然中小企业在承担军需生产过程中，在积累精密加工技术方面取得了一定的成果，但还是远远落后于世界技术水平。也正基于此，日本在战后取得的技术创新成果令人瞩目。

日本取得巨大进展的技术创新主要体现在三个领域。其一，那些在战前就已相当发达的产业，如造船业和钢铁业等仰仗新技术而发生了巨大变化*；其二，战前未能得到切实普及商品的技术创新，例如轿车、家用电器(如冰箱、洗衣机、吸尘器、空调)等新兴市场的拓展；其三，在战后世界范围内取得巨大发展的新产业领域，如石油化学(合成纤维、合成橡胶、合成树脂)、电子工业(半导体、电视机、电子计算机)、原子能发电等产业。此外，能源方面，实现了从煤炭向石油转换的能源革命。

* 例如，造船业在焊接方法和预制块式建造法方面取得了巨大创新成果；钢铁业则引进了大型高炉、氧气上吹转炉(LD 转炉)、连续滚轧装置等最新的技术。

起初，日本仍然以引进外国技术来促进技术进步为主。1950 年，日本政府制定了《外资法》，目的就是在制度上保证将有限的外汇尽量分配给引进外国技术方面。如表 3-1 所示，在战后经济增长准备期的 1949～1955 年间，其电气机械、其它机械以及化学部门的技术引进相当活跃，三个部门的技术引进件数占全部引进数量的近三分之二；若就引进国别而言，美国占据了绝对多数，加上西德和瑞士三国的占有率，超过了总数的 84％以上。

其后，引进外国技术与开发国产技术共同促进了日本的技术创新。在此基础上，日本从 1955 年开始，实现了长达 15 年的经济高速增长。支持这种经济增长的是消费革命，日本消费品市场出现了质的变化和量的扩张。如在服装产品上，尼龙和人造纤维成为取代棉织品、丝绸、羊毛的新型材料而被广泛使用；在食品行业，冷冻食品、高温杀菌食品、方便食品等新产品纷纷登场；轿车、家用电器等耐用消费品也在逐步普及。与战前相比，日本国民的消费生活发生了翻天覆地的变化。

伴随消费产业的发展，为之提供机械设备和原材料的生产资料产业也取得了重大技术进步。立足于国内市场而发展起来的日本产业，很快也在国际市场显示出其强大的竞争力，电气机械、钢铁、轿车等产品都成为其出口产业而发展壮大起来。

表 3-1　按产业类别、进口国的技术引进件数(1949—1955 年)

(单位:件)

产业类别		进口国	
电气机械	122	美国	357
运输机械	36	西德	32
其它机械	129	瑞士	48
金属及金属制品	45	英国	11
化学	100	法国	16
纺织	25	意大利	10
石油	18	瑞典	13
橡胶·皮革	13	加拿大	15
玻璃·土石制品	10	其他	15
其他	20	合计	518

资料来源:科学技术厅编的《科学技术白皮书》1962 年,第 41、42 页。

当代的技术创新

20 世纪 70 年代,由于日元升值并转向浮动汇率制(美元冲击)以及石油价格高涨(石油冲击),日本结束了经济高速增长而进入所谓低增长时期。为了增强国际竞争力,日本企业将技术创新矛头转向节省能源、资源和劳动力方面。实施了一系列的合理化政策,并推行了生产的自动化和节省劳力化运动等。于是,利用小型计算机来操作工作机械的微电子技术(ME)得到了迅速发展*。

*　例如汽车产业引进了焊接机器人,一台机器人就能承担 1.5 个人的工作量。也就是说,引进这种机器人后,原来昼夜两班倒各 300 人合计 600 人的工作量,现在只要有 400 台机器人就能完全胜任了。

随着电子计算机的发展,企业内掀起了一场生产车间与管理部门的微电子(ME)革命,诸如机械装置自动化和数据管理等。不久,又引发了更广泛的技术创新,即所谓信息技术 IT 革命。电子计算机通过传统的通讯线路,却创造出与此完全不同的信息交换网络。企业内部信息、企业之间信息、企业与顾客之间的信息、甚至是个人之间的信息,都能通过虚拟网/因特网在瞬间内进行交换。所传输的信息也由文字信息向图像，甚至是声音、动画信息扩展。

借助新的信息技术，商品交易方式也正在发生深刻变革。企业可以通过因特网，在最佳条件下销售产品或是购入零部件，展开所谓"世界最佳销售"、"世界最佳采购"。消费者也一样，他们可以通过因特网，在对比质量和价格之后订购自己最想要的商品。所以，可以说商品市场本身的变化就已经是技术创新了。

在商品生产层面，企业可以通过在线收集各种交易信息，以此来迅速调整生产产量，将库存量压到最低，而向市场提供稳定持续供应。在物流层面，企业可以随时确认运输中产品所在的位置，从而能够应顾客要求及时配送商品。

从原材料采购、产品生产、商品运输直到销售环节这一流程，用新信息技术进行管理以追求其效率最大化，这种供应链管理方式(SCM)正在被引进到越来越多的企业。

21世纪的技术创新

如今，利用纳米技术开发球状单质碳、碳纳米管等新型材料，利用生命科学和生物工艺学来研究品种改良、开发新药以及再生医疗技术等新领域也越发引人注目。

然而，在21世纪仅仅关注高新技术的研究开发还很不够，我们有必要开发应对石油枯竭以及地球环境问题的更新技术。以不依赖石化资源的能源转换(新型材料和新能源的开发)为龙头，今天，研发已经进入既不破坏自然环境、同时又能丰富人类生活技术的新时代。

4、投资和资金筹措

企业为了扩大事业，进行怎样的投资，如何筹措资金呢？

投资和资金

所谓投资是指以将来的赢利为目的而使用现有资金的行为。投资从大的方面可分为金融投资和物质投资。金融投资是指期待未来升值而购买有价证券和各种金融商品，其中也包含商品期货买卖。买卖的差额利益成为投资利益，也会发生亏损，是一种投机性较强的投资。与此相对，提供产品和服务的企业主要进行物质投资，包括研究开发投资和设备投资等。

要投资首先需要资金，而资金的筹措，企业通过发行股票和公司债券，从金融机关借贷，或将利益作为内部保留金积累起来等。

研究开发投资

反复研究，发明新产品新技术的过程和将其用于工厂生产之前的实用化、工业化过程称为研究·开发(Research and Development)。为此，需要研究开发经费，对此的投资是研究开发 R&D 投资*。

* 企业在发展新事业时，常常通过专利权或经验技术的购买，或使用承诺利用已经开发的技术。但是，有时支付一次性费用和使用费(专利使用费)的负担很大，并且作为专利的使用条件也有可能被限定产品的销售地区，而不能自由从事事业活动。

作为企业而言，最希望能有效利用本公司研究开发的产品和技术发展事业。日本企业在第二次世界大战后，通过引进外国技术以挽回技术落后的局面，采用这样战略的例子有很多。但不久，把长期战略做为基础进行研究开发投资的战略开始被采用。与追求研究开发投资的效率化和短期利益回收相比，更重视对将来的投资，这长期性投资的成果就是，开发了很多日本所独有的技术*。

* 到了全球一体化时代，研究开发投资的方法也发生了变化。即采取对核心事业集中研究开发投资的战略。取代了企业的事业领域全盘推进研究开发战略。

日本企业进行研究开发投资的金额很大，取得国际专利的数量也有所增加。比如取得美国专利企业的前 10 大公司中，日本企业每年都有好几家。在纳米技术、生物工艺学、燃料电池、超薄型显示器、数字家电、机器人等领域，日本企业的专利申请数特别多。

设备投资

所谓设备投资是指购买机器、设备等作为生产设备使用，以生产和销售产品、服务，增加收益为目的的投资。设备投资的对象，有有形固定资产和无形固定资产*。

* 通常，所谓设备投资是指对非住宅用建筑物、构筑物、机械设备、装置、运输搬运机器等有形固定资产的投资。但是，随着IT革命，对软件的高额投资等无形固定资产投资的重要性也在增加。

设备投资，除了为生产新产品而进行的新投资、为扩大预期需求而扩大生产能力的扩张投资以外，还有为维持至今为止的现有生产能力的更新投资。

资金筹措（自我资金和外部资金）

企业进行投资时使用的资金从大的方面可以分为自我资金（内部资本）和外部资金（外部资本）两种。

自我资金是指企业从内部筹措的资金，没有返还义务。具体包括企业利益的公司内部保留、资本金、资本储备金等。

外部资金是指从金融机关和投资家等外部借入的资金，有返还义务。具体包括来自银行的融资、公司债等。

直接金融—股票·普通公司债券·新股预约权公司债券

作为企业的资金筹措方法，大的方面可以分为直接金融和间接金融。

直接金融是指企业筹措在市场等直接需要资金的方法，有发行股票和普通公司债券以及发行新股预约权公司债券等。

发行新股票包括股东配股增资、第三者配股增资、公开招募增资。

所谓股东配股增资是指对股东名单上的股东，按照持有的股票数量给予新股认购权，发行新股。尽管股票的发行价格为时价，但是也有按照面额发行（面额发行增资）和按照面额和时价的中间价格发行（中间发行增资）。

第三者配股增资是指对业务协作处、客户、本公司的职员等和发行公司有关系的特定的第三者给予新股认购权,发行新股。无论第三者是否是既有股东,常常用于加强和业务协作处的关系,增强资本和重建公司等。

公开招募增资是指募集广大普通股东的方式,规定新股票的发行价格为时价,但通常是以时价97%的价格进行。

普通公司债是指企业发行的债券,一般被称为公司债。公司债是发行公司保证到期偿还和支付一定利息的有价证券。公司债分为有抵押公司债和无抵押公司债。有抵押公司债是指当企业不能返还公司债的时候将所提供的物质抵押充当返还原资。与此相对,失败时无抵押公司债与普通债权一样处理。对企业来说,依靠发行公司债筹措资金比从金融机关融资,可有低利筹措资金的好处。

新股预约权公司债是公司债的一种,包括转换公司债和新股认购权公司债(股票购买权)等。在有偿还义务、按确定利率支付利息债券这一点上与普通公司债一样,但它是一种有权在使用期内以一定价格取得发行公司股票的公司债。

发行新股和新股预约权公司债是伴随着增加股票(Equity)的资金筹措,被称作为股票融资(Equity Finance)。

间接金融

间接金融是指企业从金融机关那里借入金融机关借自出借人(存款者)钱款(存款)的方法。虽然提供资金的是存款者,但是风险由金融机关承担。间接金融的代表例子是银行贷款,这是在日本使用最广的资金筹措方法。

企业将工厂设备和有价证券等作为抵押,从金融机关借入资金,进行设备投资,当预计能获得收益的时候,发行新股票偿还借款。经过如此反复,企业扩大规模不断成长。

在美国等,长期资金常常依靠直接金融从市场筹措;短期资金的筹措,经常以商业票据贴现和短期透支等形式从金融机关借入。但是,在日本不管是长期还是短期,依靠间接金融筹措比较多。

日本企业和金融机构

日本企业和金融机构的关系，有着间接金融比重高和往来银行制的特征。

日本在近代化过程中，企业的长期资金筹措以直接金融为主流。但是经过第二次世界大战中的战时金融统治，通过金融机关的资金分配，间接金融的比例加大了。并且，在伴随着战败的经济混乱中，企业的财务基础变得极弱，这加大了对金融机关的依赖程度。在日本经济的高度增长期，研究开发和设备投资的资金需求非常大，不过股票和债券等证券市场相应配备，所以大量采用了以金融机关的融资为中心的间接金融*。

* 20 世纪 80 年代后半期，在被称作为泡沫经济的经济上升期，股价高涨，企业加强了向股票融资的倾斜。由于 90 年代的泡沫经济崩溃，金融机构发生不良债权，自身能力下降，也开始有选择地进行对企业的融资。随着来自海外的资金流入变得活跃，股市和债券市场等的规模扩大，法律环境的完善，企业依靠直接金融筹措资金的倾向也在日益加强。

作为企业，同几个金融机构保持交易关系，并从中选择以最有利的条件来筹措资金的金融机关，这主要是从节约资金成本方面来考虑的。但是在日本，企业与一个金融机构有着紧密联系，进行密切交易的情况很普遍。这一关系，被称之为往来银行制。

明治以后，在日本，财阀拥有很大力量，财阀系统的企业，和各自的财阀银行建立了密切的关系。在战时金融统治中，企业通过特定的金融机关筹措资金。在这样的历史过程中，第二次世界大战后企业和金融机关的关系，也形成了日本独有的称为往来银行制的形式。

往来银行是和企业有持续性的融资关系，长期持有企业股票的稳定股东。而企业方面也持有往来银行的股票成为其稳定股东，从而形成相互持股关系。

因为往来银行准确地把握着企业的财务信息，由往来银行进行的融资，在其它金融机构看来，成为对其贷款企业风险较低的判断材料。

其结果是，企业通过往来银行的信用有利于从其它金融机关得到融资。对企业而言，往来银行的存在在资金筹措方面极为有利。

并且，往来银行在企业经营陷入困境时，不仅提供资金的援助，而且还提供包括人力等方面的经营支持，对企业来说起到了根据地（最后靠山(Last, Resort)）的作用*。

* 伴随泡沫经济崩溃，金融机构实力消耗，已经失去了救济苦于经营不善的企业的能力。为此，即使是有可能重建的企业，由于往来银行的关系也会引发陷入公司清算和破产这样的事态。为此，企业方面重新考虑和往来银行的关系，也出现了解除相互持股关系的事例。

事业的扩大

企业打算扩大规模，从大的方面来分，有自我扩大和依靠合并、收购扩大两种方法。筹措资金扩大本公司事业的自我扩大，在某种程度上需要时间，但是企业能够向自己所希望的方向和企业形象方面发展。

合并、收购被称之为购买时间的方法，和自我扩大相比更能加快扩大企业规模。可是，两个或者更多的企业合为一体，由于企业文化差异等引发各种问题的可能性也很大，而且也存在发生难以预料的财务、业绩上的问题的可能性。

兼并·收购—M&A

兼并和收购被称为M&A(Merger & Acquisition)，这是在美国特别盛行的扩大事业的方法。在美国，很早以前就有买卖企业和企业事业部门的惯例，但是从20世纪60年代开始，作为霸占企业的手段，垄断收购股票在企业的股东大会上行使表决权的情况变得更为明显。新兴企业买下经营不善的大企业的全部股票，一个公司接一个公司侵占，最后一跃成为复合性的大企业、联合大企业的事件相继发生。其后，因加强了垄断限制，兼并活动暂显衰退，但从80年代开始，作为处理竞争力低下企业的方法M&A又再次兴盛起来*。

* 把通过M&A取得的企业核算性好的事业部门卖掉，或者进行大规模的裁员，重建经营，然后以高价卖掉从中得利，这样的商务也

很兴盛。

在日本，一般认为侵占企业是一种不好的行为，所以通常对美国式的 M&A 都持有批判态度，但是也出现了逐渐使用这种方法的新兴企业。因此，为防止侵占，采取企业防卫对策的企业也正在增加*。

* 包括拥有固定的大股东，事先做好按照第三者分配增资增加股票数量的准备，抬高侵占门槛的方法等。只以 1 股黄金股(附有关于就收购问题股东大会决议事项的否决权和限制转让的股票)发行给可以信赖的第三方，这种方法也开始被新公司法所采用。

另一方面，在双方认可基础上的合并和收购，以前就有，在反垄断法允许范围内的合并，从 20 世纪 90 年代不景气时期就已开始盛行起来。

合并有对等合并和吸收合并。对等合并是指合并的企业间是相同的规模或者是相同的价值，伴随合并股票的交换比率为 1 比 1 的情况*。吸收合并一般相当于一方公司吞并对方，是企业规模不同的企业间的合并。

* 在日本企业间的合并当中，即使从企业规模、合并比率来看不能说是对等合并，但很多也采用对等合并这一词汇表达。从照顾工作人员、股东和客户的角度出发而使用对等这一词汇，但过于强调对等也会导致主导权不明确、合并后发生问题。这种情况也大量存在。

作为收购的方法，有现金收购和新股发行收购。现金收购是用现金买下待购企业的股票，作为收购事业的代价支付现金。新股发行收购是向待购企业的股东发行收购企业的新股票进行交换，作为事业的收购代价发行新股。

也有在不同意的情况下全部买下对方企业股票的敌对收购。在股市收购股票是自由的，不过，如果在股市外购买的时候，被称为股票公开收购(TOB，Take over Bid)制度*则成为必须遵守的规则。

* 希望收购股票的企业和个人，公布收购期间、买进的股数、价格，这是从不特定多数的股东手里在股市外收购股票的制度。

5、生产·质量管理

企业是在怎样的体制机构下进行商品生产和质量管理的？

生产管理

人类自石器时代就开始了生产活动，逐步构建起人类文明。现代对生产技术的理解主要包括三个方面：①决定产品制造整体质量的设计技术②用于制造产品原材料的加工技术③能够提高上述两种技术效率的管理技术。

生产管理方法因生产方式*不同而各不相同，生产管理的目标是，力争以最小的生产成本，在最短的时间内组织实施生产。而为了降低生产成本，就必须提高劳动生产率和降低单位消耗**。关于提高劳动生产率的内容属于下一章“劳务管理”的内容，这里的重点在于从产品设计角度来思考生产管理这个问题。

* 从与消费者的关系来看，生产可分为两种类型：即通过消费者订购来组织生产的订购式生产和通过预测销售而在订购前就组织生产的预测式生产。此外，生产也可以分为以下三种类型：分别生产单个产品的个别生产、以某种程度规模为单位的批量生产、连贯性持续生产的连续生产等。

** 单位消耗，是指每生产一单位产品企业所需投入的标准数量。例如，生产一吨粗钢所需投入的铁矿石、焦炭、柴油以及电力等的数量，这就是生产粗钢的单位消耗。如果能够减少投入的必要量，则意味着提高效率，从而能够降低生产成本。

产品设计

在生产新产品之前，为了能在一定时期内生产满足顾客质量要求的产品，就必须制定出最合理的产品设计、生产进度与工序计划以及生产日程等。一般在完成产品设计图纸之后，就要做出要以什么样的进度和工序、在什么样的时间计划内完成生产的决策。

企业的设计、规划部门要同制造部门进行协商，来选择最佳生产计划。在预测式方式下生产新产品，一般直到产品发售前，其质量状况多处于秘密状态，其产品设计也都在企业内部完成。然而，由于生产所需的零部件大多要从企业外部订购，所以，为了能够顺利采购零部件，一些企业在设计阶段就请相关的外部企业参与进来*。

* 例如在日本汽车产业内，作为母公司的汽车公司与作为零部件供应商的承包企业汇聚一堂，共同参与新产品的策划和设计工作，这种方式由于缩短了新车的开发周期而使之大获成功。该方式也被称作"参与设计"方式，如今已经普及到其它国家和产业。

随着环境问题备受世人瞩目，产品和原材料的循环再利用问题也成为热点。为了更易于循环再利用，从设计阶段就考虑到这一问题的产品逐渐增多起来。

产品的生产体系

船舶、飞机、大型机械以及成型铸造产品的生产等，都属于订单式个别生产。为了能够制造其所需的形式各异的零部件，这种生产大多是在装备通用性机械设备的工厂中展开，它依靠组织熟练工来加工生产。与此相反，那些一般消费品则属于预测式生产。它们大多采用大批量、连续的生产方式，其生产线上配有各种专用的机械设备*和作业工人，采用流水作业方式，一边移动装载着半成品的传送带，一边进行加工。

* 机械设备自动化日新月异。例如，以计算机控制进行特种加工作业的数值控制(NC)机床和机器人；将一系列工序自动化的工厂自动化(FA)等技术不断被开发出来。

连续生产方式中也开始出现新的情况，即在同一条生产线上，能够混流生产多种产品或同一产品的不同款式*。这是由于计算机控制技术的高度发达，已经开发出能同时进行不同零部件加工作业也不至于混乱的管理技术。于是，混合生产就成为了现实。

* 在汽车生产中某些车型的需求量很少，为使这种生产也更具效率，汽车工业率先采用这种混合生产方式，并逐步扩展到其它产业。

为了应对小批量订货，使生产品种能够在一定期间内转换的批量生产也已经展开。于是，如何才能缩短更换机床切削工具及变更作业程序的时间，已经成为管理方面的关键课题。

在组装产业，往往需要装配数量众多的零部件。若是按照某种标准将组装作业进行分类，先进行各部分的生产或组装，这样的生产方式就更能提高组装作业的效率。例如在造船业界，先将整个船体划分成各个部分在车间内生产，最后再将组装好的各部分运到室外船台上进行焊接，这种分块式生产方法已被广泛使用。

汽车产业起初也采用这种方式，如发动机和变速器等相对独立的部分分别在不同场所制造，最后再配送到总组装线进行组装。但是，进入 20 世纪 80 年代以后，需要单独生产的零部件数量越来越多。于是，为了缩短主组装生产线，又创造出所谓模块生产方式*。

* 伴随着汽车制造方面集成电路控制(IC 控制)的部分逐渐增多，其电路配线也大幅增加。为了节省材料和削减用工数量，汽车产业就开发出新的生产方式。它将仪表盘、车门以及可动式座椅等作为独立的构成单位即模块，分为各个小的组装线，最后再将这些组装好的模块部件供应给总装线。电气、电子机械生产方面也很早就采用了这种生产方式，它同时还具有产品发生故障或更新时安装、拆卸、交换都很简单的优点。

不久，作为替代传送带式连续生产方式的单元式生产方式也出现了。该生产方式是由一至数名作业者来承担某种产品从组装到检查的全部工序。在其生产线上，所用零部件及作业工具配置成 U 字形的作业台(单元、货摊)*。

* 仅需一名作业者的单元式生产，如复印机生产就是完全由一人进行组装。由于一个人负责整个产品的质量责任，所以，其结果往往比分工生产更加高效。

多名作业者的单元式生产，它是通过“互相协助”来弥补个人能力之间的差异，进而提高了生产效率。

那些多品种、小批量的商品生产，通过单元式生产方式就能削减半成品的库存，并缩短从订购到交货的生产周期。该方式要求作业人员必须达到熟练程度，但由于作业者对于改善自身承担的作业程序具有高昂的热情，因此激发了作业员工的创造性。于是，在这种劳动方式下，作业员工能够获得流水作业方式下单调劳动所没有的充实感。因此，单元生产方式亦被称作尊重人性的生产方式。

零部件采购体系

对于组装产业而言，零部件筹集方式包括两种：或是企业内部制造，再就是从企业外部采购。外部采购方式包括：从采购企业自身出资的系列公司或是与其有长期交易关系的承包商那里采购；再就是从不固定的零部件供应商那里，以企业所认同的最佳条件购入等。

在汽车产业，美国汽车企业在零部件上采取企业内部制造的比例非常高，而日本则多数是从系列公司或承包商那里订购。美国企业在从外部采购零部件时，由于其采购对象不固定，所以更具竞争性特征。

零部件若是采取企业内部制造，其交货期和产品质量可以得到保证，但其价格成本可能会较高。相反，零部件从企业外部采购的话，其采购成本可能降到最低，但交货时间和产品质量方面往往存在风险。从系列公司或零部件承包商那里长期稳定地采购零部件，以此来确保零部件价格、交货期以及产品质量的最优化，这就是日本汽车企业的零部件采购战略。

利用因特网进行零部件订购，追求在世界范围内以最佳条件采购的“B to B(Business to Business)”交易方式也已被一些企业采用。不过，目前这种方式还仅仅局限在那些具有通用性特征的普通零部件的采购上。

日本生产管理的特征

生产管理的目标是，如何提高工业生产中从设计到生产阶段的效率。仅就日本生产管理特征而言，主要包括如下几点。

①整洁、井然有序的操作车间。操作车间保持秩序井然，这是保证生产安全性、生产效率以及产品质量的必要条件。在遍布原材料碎屑、操作工具乱放的生产车间，既容易发生操作事故，而且也存在很多浪费现象，自然就会降低生产效率*。

* 日本企业的车间重视“5S”即整理、整顿、清扫、清洁、有教养。这五个词在用罗马字拼写时，最前面的字母均为“S”，故称之为“5S”。

②多技能工生产。即通过轮换工作岗位，培养掌握多项作业技能于一身的多技能工。多技能工生产以培训具备如下能力的作业者为目标：能够对前道工序出现的缺欠进行改善，甚至对自身所负责机械设备在作业中出现的小故障进行修理或调整等。

③压缩库存数量。尽量将生产线上的零部件库存减少到最低限度，以此来提高生产效率和降低生产成本。为此，日本企业相继开发出“广告牌”生产方式“看板方式”*、准时制（JIT，Just in Time）生产方式等**。

* “广告牌”方式，即在生产工程中将所使用零部件的信息通过“广告牌”卡片来传递，并依此来及时补充所需零部件。

** JIT 方式，将必要的零部件在必要的时间（以恰好的数量）来供应给生产线。这就要求零部件承包商也要按照组装企业的生产计划，将其一天所需零部件、分批次地供应给加工组装企业。

产品的质量管理

通过在生产过程中对产品质量进行管理，进而将残次品发生率降低到最小程度，这就是所谓质量管理（QC，Quality Control）。

一般来说美国企业所采纳的质量管理方式是在生产工程的各个环节中配置检查员，以此来消除生产线上的残次品。日本企业却与此不同，它们在考虑产品质量问题时认为：“产品质量并不能依靠检查机制来保证，而应该将之融入产品设计和生产工程之中”。

日本企业非常重视作业员工在操作过程中，是否有按规定质量进行生产的意识。为此，日本企业对员工彻底实施有关产品质量的基础训练。在车间内，作业员工组成质量管理小组（QC 小组）*，共同研究残次品的发生原因，并就如何防止残次品再次发生而提出建议。

* QC 小组指，在同一车间内，自主组织实施质量管理活动的小组。由于作业员工全员参与讨论，这就提高了企业的产品质量管理意识。日本企业通常把下列两点作为 QC 活动的基本理念：①充分发挥人

的能力、激发其潜能；②尊重人性，创造充满生机的工作场所。

从 TQC 到 TQM

TQC(Total Quality Control)即所谓综合质量管理，它是将企业制造部门所实施的 QC 活动，扩展到产品开发、销售以及一般管理部门。然而，在很多场合下并不适应制造部门的管理方式。于是，一些企业就提出了综合质量经营方式，即 TQM(Total Quality Management)，它是一种超越各部门所实施的 QC 活动，是在全公司范围内实施质量管理的管理方式。

也就是说，从整个公司的全局视点出发，研究在哪些部门、哪些阶段中实施质量管理更有效果，力争在企业长期战略中以顾客满意度为最高经营目标。为了提高产品及服务质量，就必须提高生产产品以及提供服务的整个生产体系的管理质量，也就是说必须提高整个企业的经营质量。如果连员工都对公司牢骚满腹，那根本就不可能创造出令顾客满意的产品和服务来。今天，企业已经认识到，是公司自身的经营质量真正决定着那些面向消费者的产品及服务的质量。

ISO

如今，已经创造出评价企业质量管理水平的世界标准。作为一家民间组织，1946 年成立了国际标准化组织(ISO，International Organization for Standardization)。该组织是在企业提出审查申请后，对申请企业的质量管理水平进行评价，判定其是否达到 ISO9000 的系列标准。那些被判定已达标的企业，可以通过公开该结果来向外界宣传自身已具备优秀的质量管理水平。

为了评价企业在环境保护方面的努力程度，ISO 组织还确立了 ISO14000 系列评价标准。

6、人事劳务管理

日本的生产体系是通过怎样的人事劳务管理制度而发挥作用的？

人事劳务管理和生产体系

资本主义从根本上来说，是资本家（企业）雇佣劳动者生产产品、提供服务以获取利润的一种经济制度。因此，以提高劳动者的劳动效率为目的的劳务管理和人事管理非常重要。资本主义生产体系随着生产技术水平的提高和劳务管理方式的改变，经历了多次大的转变。

本章我们将兼顾与其它生产体系的不同点，介绍日本式生产体系的特性以及支持它的人事劳务管理制度。

日本式生产体系

资本主义经济中具有代表性的生产体系，有18世纪后半期产业革命时期发源于英国的"古典式"大量生产体系，开始于20世纪前半期的美国式大量生产体系，还有日本式生产体系。以丰田体系为代表的日本式生产体系，是以美国式大量生产体系为基础，并考虑到汽车、电机产业等现在的领军产业的特征加以改良发展而来的。

日本式生产体系最大的特点，就是生产出的产品富有多样性，对产品设计、外形和性能的改进（型号改变）相当频繁。一般说来，随着生活水平的提高，消费者的需求也会呈现复杂化、多样化。在这个阶段，与美国式大量生产方式所擅长的少品种大量生产相比，日本式生产体系对能够迎合消费者需求的多品种少量生产更为有利*。

* 在"古典式"大量生产体系下所生产出来的产品主要是作为棉布原料的棉纱，因此产品多样化的可能性很有限。一方面，美国式大量生产体系和日本式生产体系的生产对象是汽车和家电等耐久性消费品，所以能生产出性能、价格各异的多种多样的产品。但是，从福特公司当初仅生产T型汽车这一案例我们不难看出，美国式大量生产体系原本就是以少品种高效率生产为目标而确立起来的。

一般说来，进行多品种少量生产的同时要降低成本相当困难。日本式生产体系为了达到这两个目的花了不少功夫。

要充分利用有限的土地、设备和劳动力进行多品种的生产，就需要具备与之相应的制造技术。日本式生产体系为了达成这一目的，开发出在同一生产线上制造不同产品的混流生产技术。为使混流生产顺利进行,大量使用计算机操控的多功能机械,缩短生产品种发生改变时替换模具、夹具的所需时间就变得非常重要。

还有,混流生产制造多种产品时容易出现零部件安装的错误。要解决这一问题,必须采取相应的对策,使零部件在方法错误时无法安装,或者是避免被误装零部件的产品流入下一个工序。例如,在日本的生产线上,当问题(零部件质量缺陷或漏装等)发生时,生产线上的工人会停下传送带,当场解决问题*。

* 在美国,工人无权停止生产线,即便在生产线上发现问题也无法将它停下来迅速处理。产品质量是否有缺陷要到质检工序才被检查出来,然后次品将被送往维修部门。

日本企业的人事劳务管理

在日本的大企业,哪怕对于蓝领工人,一般也要通过录用刚从学校(主要是高中)毕业的新人来补充人员。而且,只要企业不出现业绩极度恶化等的情况,通常不会解雇职员*。而是通过自愿退休、往同一系统企业调动关系,或是通过工作场所、事务所和事务部门的调动等手段来解决剩余人员的问题**。

* 日本的大企业一般都设有退休制度,被视为日本雇佣惯例的"终身雇佣"一词严格来说应该是"到退休为止的长期雇佣"。另外,日本企业的终身雇佣惯例,是通过利用工读、零工(兼职)和(短工)期限工等容易解雇的劳动力才得以维持,所以不能将终身雇佣惯例看作适用于日本全体劳动者的普遍惯例。

** 通过内部调动等来处理企业内剩余人员的这种方法,有一种说法是日本企业内存在着"内部劳动市场"。

下面看看工作岗位的情况。一般来说日本企业对职工的工作安排富有弹性,负责的工作范围也是根据当时的情况而灵活确定下来的。不仅如此,日本企业在技能培养方面很重视 OJT(On the Job Training,即通过实际工作培养技能)。而且,职工所要获得的技能,不只限于他所从事的工作所必需的范围,还涉及到其前后的工序或该工作岗位的其它所有工序。因为这些获得技能的机会是向所有职工开放的，所以能够培养多技能工*。

*　在"古典式"的大量生产体系下，各道生产工序都利用了大量的专门承担某种特定作业的专用机器来进行生产。承担这类生产的，是能对自己所从事作业的工序保持一定熟练程度的半熟练工人。所谓的半熟练与手工业式生产所要求的高度熟练不同，这能够通过相对短期的训练而获得技能，所以少年和女性就成了劳动力的供给者。

在美国式的大量生产体系下，由于加工组装工序被分为简单化、标准化的多项操作，这只要求工人具备无障碍地完成各自细化后工作的熟练程度，所以工人只是具备单一技能的劳动者。

不过，无论是哪种情况，在开动和修理等机械方面，还是需要熟练工人。

最后来看工资和晋升方面的情况。日本大企业劳动者的工资，是以根据学历和年龄而定的初次任职工资为起点，以基本工资为轴心构成的。每年还会通过人事考核，在基本工资的基础上定期加薪，但这因人而异。虽然也有根据人事考核评定的绩效工资部分，但一般来说比重并不高，而且对绩效的评定多以企业或部门为单位，并不是以每位劳动者或每个工作岗位为单位。因此，劳动和工资的对应关系，不可能做到像美国那样同工同酬*。另外，日本的大企业一般除了工资制度外还有完备的资格制度。在资格制度下，对一些虽然工龄很长，但因为干部职位有限而无法得到晋升的职工，在资格方面与企业干部同等看待，给予同等待遇，从而达到维持其工作积极性的目的。正因为具有这样的工资制度和资格制度，所以日本大企业的劳动者所得到的工资是讲资历的。

*　在"古典式"大量生产方式下，由于生产量会随着劳动者的熟练程度和劳动密度发生变动，所以采用了引进计件工资制和绩效工资以提高劳动生产率的方法。这种制度先确定标准工作量，超过这个标准就发给高工资，达不到的就发给低工资，所以这容易产生使用者任意提高标准工作量以及反抗此种制度的劳动者消极怠工等的问题。

后来，泰勒(F. W. Taylor，1856—1915)提出了一种新的方法，首先将各个生产工序的工作时间记录下来，计算出每小时的标准生产量，将它作为"作业"(task),即公正的标准工作量,用来计算并支付计件工资。泰勒的工作时间研究(Time Study),再加上建立于吉尔布雷斯(F. B. Gilbreth,1868—1924)开发出来的工作动作研究(Motion Study)基础上的劳动工序标准化,采用这种劳务管理方法的被统称为泰勒体系,或者叫做科学管理法。

随着美国式大生产体系下分工进一步细化,熟练程度就显得不再那么重要。加上传送带规定了工作速度,采用计件工资制的必要性就降低了。于是,企业开始采用建立在各地工资行情的基础上,因职务内容不同而有所差异的职务工资制度。

福特(H. Ford,1863—1947)是作为以零部件标准化和流水作业为特征的福特生产方式的提出者而闻名于世的,在劳务管理方面,他提出了高效率、高工资的口号,不但采用八小时工作制,提出操作姿势的合理化方案,还提供了比周围工厂高得多的工资。他认为,劳动者拿到高工资的话,劳动效率就会提高,这样就能降低生产成本。生产成本降低了,小汽车的价格就会便宜起来,如果劳动者再去购买小汽车的话,就能充分发挥大量生产的优势,这种想法被称为福特主义。

日本式生产体系与人事劳务管理的关系

日本式生产体系与人事劳务管理的特性密切相关。

日本式人事劳务管理的方式是:使劳动者认识到自己的生活和企业的发展具有紧密的联系,从而提高劳动者对企业的归属意识。日本式生产体系对提高生产线上产品质量,以及生产的灵活性,甚至通过精减人员来降低成本等方面都有严格的要求。这些要求从劳动者的角度来看会加重工作负担。尽管如此,日本大企业的劳动者对此并没有表示出太大的反抗,其原因就在于日本式人事劳务管理方式下所形成的企业归属感。

同时我们还要看到,是工资制度和资格制度使得技能培养和对职工工作岗位的灵活配置成为可能。要使劳动者掌握广泛的技能,需要他们的长期努力。在保障工人有工作干的同时,进行人事考核制度下的工资晋级和资格晋升,都是能够促使劳动者努力工作的有效方法。有了这种人事劳务管理方法，才有可能通过轮换工作岗位培养具备多种技能的劳动者*。还有，将绩效工资的评价单位定为部门或企业，具有促使职工关心部门和公司利益的好处。日本企业正因为有了这样的制度，才能抑制每位员工和每个工作岗位的员工群体对自身利益的意识，从而使得员工在同一工作岗位内，或是在不同的工作岗位、部门间调动工作比较容易，甚至对工作岗位和部门的撤销、合并都不会太困难。

* 在美国，企业对员工进行技能教育投资是有限度的。因为企业就算进行教育投资，劳动者在掌握技能之后也会为了谋求更高的工资而跳槽。因此，如果所学的技能是该企业的特殊要求，到其它企业则无关紧要的话，劳动者的学习积极性就会降低。而且，由于职务和工资之间的联系紧密，劳动者对于被调到较低的职位上去工作反应强烈。

日本式生产体系在某些方面是适应消费者需求较高的“富裕社会”的。但是，进入全球化时代以后，面对全球范围的竞争，又出现了对以前的日本式人事劳务管理方法进行反省的动向。最近，加强短期的可视性成果以及在工作中实际所发挥的能力与工资挂钩这一倾向越来越强烈了。

此外，日本的人事劳务管理对职工的生活方式束缚过甚，强迫职工要像“工蜂”那样勤劳，针对这一点的批判声音也很高。无偿加班（免费加班）和过劳死等现象，都必须得到纠正。

总之，现在，日本式的人事劳务管理在很多方面都亟需得到改正。

7、市场营销

企业是怎样策划新商品，怎样扩大销售的？

何谓市场营销

“市场营销是指，企业从国际视角出发，在与顾客达成相互理解的基础上，通过公平竞争进行的以创造市场为目的的综合性活动。”这是日本市场营销协会对它的定义。美国市场营销协会（AMA）则将它定义为：市场营销是一项组织机能，它既是以创造、流通、传递价值给顾客为目的的一系列活动，又是通过有益于组织及其持股人的方式来处理客户关系的一系列活动。可以看出，市场营销中的重要因素有：市场调查、促销活动和广告宣传活动。市场营销通过新产品开发和商品库存管理的有机结合，使企业的收益扩大。

市场调查(Market Research)

市场营销中最为重要的是把握市场(需求)情况，为此，对消费者的动向进行调查分析很重要。哪怕企业生产的产品再好，如果不符合消费者需求的话，也不会被接受。为了防止这种现象发生，一开始就必须进行市场调查(Market Research)，对信息进行收集、分析、判断的能力是很重要的。

在调查内容中，①构成该市场的人群(年龄、性别、收入、学历……)②希望购买何种商品，包括产品和服务等(性能、功能、设计、售后服务……)③考虑何时购买(季节……)④是谁打算购入该商品(购物的主导权在谁手中)⑤为何打算购入(宣传广告、产品形象……)⑥打算如何购买(购买途径……)等等都是重要的因素。

知道存在的市场(需求)是怎样的，在这个市场中，人们需要些什么，该怎样去做十分重要。因此，市场调查是一个非常重要的因素。

企业在市场调查的基础上，进行新商品开发和商品改良等，创造出最佳的生产体制和销售体制。

促销活动(Sales Promotion)

根据 AMA 的说法，促销活动指的是：刺激消费者的购买力和销售商效率提高的市场营销活动。也就是销售者面向顾客的推广和对广告的补充活动等。因此，它在市场营销中曾经不太受重视，但是因为可以在短期内见效等原因，才逐渐得到了重视。

随着商品品种越来越多，消费者在选择时就会感到困惑，需要得到一些判断的依据。这时(有一种直接打动)能够直接吸引住消费者的方法，就是促销活动。可以这样认为，刺激消费者的购买积极性是促销活动的根本。

进行促销活动有以下几个步骤。

①目标的设定

需要明确企业具有怎样的营销战略，打算进行怎样的促销活动。

②手段的选定

根据促销活动对象的不同进行促销活动的方法*也有所不同，所以有必要如实了解对象的情况，选择最合适的方法。

* 促销活动的手段，大致可分为面向物流业从业者、面向消费者和面向公司内部三种。面向物流业从业者的促销活动可以有店面销售援助、销售扶助、特价发货等多种方式。面向消费者的促销活动有提供样品、打折和消费者培训等方法。面向公司内部的促销活动指的是援助并协调公司内部各个部门之间的活动。

③计划的制订

选定促销活动的手段之后，不仅要考虑是否符合既定目标，而且要慎重地研究其可行性、时期、成本是否妥当，然后再制订具体的促销计划。

④试行测试

要知道定下来的促销活动方法是否适合该产品，必须事先进行测试。必要时得修改计划。

⑤计划的实施与管理

计划实施时，明确之前所定的各个促销活动的目标与实施计划是很重要的。

⑥结果的评估

必须分析促销活动所得到的结果，为便于今后开展工作，还要对结果进行评估。

广告宣传活动

宣传是指企业等将所提供的产品及服务告知大众的行为，其中用得最多最重要的方式就是广告。

广告就是通过某种媒体进行的宣传。具体来说，是通过广播、报纸、杂志、互联网等大众媒体，铁路、公共汽车等交通工具设施，以及户外广告牌、宣传单、宣传册、邮寄广告等来进行的。

广告在商品众多令人难以抉择的现代社会，是连接企业与消费者的桥梁，起到使消费者意识到产品等存在的重要作用。广告的内容包括了对象商品的名称、功能、特征等，它所传达的信息是要引起消费者对该产品的购买欲望。另一方面，广告必须真实，夸大实际性能的广告，不仅会使消费者产生误会，而且与事实不符，所以常常会成为管制的对象。在日本，广告的内容受到赠品表示法（“景品表示法”）的限制*。

* 虽然有不当赠品类及不当表示防止法（赠品表示法）以及各媒体的广告登载规范等的限制，但这种管制还是比较宽松，所以贷款行业和健康食品等的广告中，时常会有夸大其词的广告和虚假广告出现，这已经成为社会问题。

通常广告是由企业向消费者单向进行宣传的，但这一现象随着IT产业的革命正在发生改变。以前，消费者不能选择想看哪些广告。但是在新的广告媒体互联网上，使用者可以选择查看自己所关心的商品广告*。这样，不仅消费者获得有效信息的可能性会提高，而且对企业来说，也可以向对该领域有兴趣的人开展有针对性的宣传。而且，通过使用电子邮件，还能与消费者进行双向的信息交流，这填补了之前广告在单向宣传方面的不足。

* 如果用某互联网的搜索引擎搜索“汽车”，会显示出大型汽车制造商的主页，同时还会出现汽车保险公司和购买二手车公司的广告。因为对汽车感兴趣的人，对该领域相关环节感兴趣的可能性也很大，这样就能有针对性地对感兴趣的人群进行宣传。

除了商品广告，还可以通过向社会提供关于企业存在以及活动内容的信息，从而明确树立企业的社会形象。在社会上树立企业形象（Corporate Identity），有助于促进产品的销售，而且具有强化与投资者的关系、资金筹措更为容易的意义。

库存管理

无论什么行业，只要是经营物品的企业，就会拥有尚未销售的商品，即库存。库存也是一种重要的资产，但是另一方面，它也会消耗保管费用(仓库费、保险费等)和利息,从而造成损失。因此,如何管理库存*,将它维持在一个适当的水平就变得尤为重要。

* 库存中也包括制造过程中的原材料、零部件、半成品等的库存。对它们进行适当的管理也是一个重要课题。关于生产过程的库存管理我们在生产、品质管理一章已经提到,这里只谈商品库存的管理。

库存管理并不仅仅是指保管商品等的库存并进行存取,其课题在于认清今后的需求,判断补给库存的数量和时期,尽量以最少的库存高效率地应对市场需求。库存太多,会造成资金浪费,而库存不足,又会丧失销售机会,所以对合适的库存数量做出判断是相当困难的。

库存中有时会出现常年积压的产品或次品等,从而造成隐性损失。有时还会出现实际库存和账簿上的数量不一致的情况。所以要进行正确的库存管理,首先有必要对库存进行调查,处理不良库存,确定实际的商品库存量,也就是进行盘存的工作。

80 年代,POS 作为一种新的库存管理方法主要在零售业开始得到应用。所谓 POS,是"Point of Sales System"(即时销售信息管理系统)的简称,这种系统可以使店铺中商品的销售动向反映到库存中去,是一种对生产、库存管理、物流等进行综合管理的系统。POS 的导入使销售情况的把握变得简单易行,生产的调整和库存管理也变得容易,可以将产品损失控制在最低程度上。

通过 POS 积累的数据,不仅对生产和库存管理很重要,对营销领域而言也是很重要的*。

* 24 小时便利店等一部分零售店,通过 POS,不仅能把握实际销售商品的动向,还能通过所积累的数据获得顾客的信息,分析出是什么样的人(大概的年龄、性别……)购买了该商品等等,进而运用到销售战略中去。

零售业内有很多企业都构筑了能在一天之内,根据 POS 信息对商品分批多次进行补充配送的物流系统。

如上所述,现在,市场营销并不仅限于狭义的销售管理,而是包含了从生产,到库存管理、物流管理等广义的概念,起着举足轻重的作用。

8、会计与财务

企业是怎样对收益和资产进行会计管理的？

企业会计

企业会计的作用是，从金钱收支方面记录企业的活动，以明确经营业绩，同时对作为制定新经营战略的基础资料进行整理和分析*。

* 企业会计分为财务会计和经营管理会计两种。前者通过记录计算财产的变动，以达到正确表示一定时间内财政状况和经营业绩的目的。后者则是进行以企业经营管理为目的的成本计算、预算的统一管理、利润管理和资金管理等。

随着环境问题得到重视，企业会计中新增了环境会计这一领域。环境会计将企业活动中用于环境保护、节约资源方面的费用及其效果，通过金钱和物资数量表示出来，并向社会公开企业在环境问题上的努力程度。

会计与簿记

为了正确进行财务会计，必须具备簿记这种经济计算技术。该技术早已存在，并随着资本主义的发达而日益精细起来。

初步的簿记就是“收支计算”，最初仅仅记录现金的收入和支出，后来不仅是现金，还包括债权、债务的发生和消失的记录*。

* 一般采用的是在一本记录簿上，按照时间顺序记录收入和支出的年月日、项目、金额等的单式簿记。日本以前也用过叫做“大福帐”的单式簿记。直到今天，家庭的收支记录还会用到“家计簿（家庭收支簿）”。

收支计算只涉及现金和债权债务，为了进一步记录和计算商品、土地、建筑物、设备以及非金钱财物的变动，以确定全部财产的所有权，“财产计算”* 逐步发展起来。

* 起源于中世纪寺院和庄园、富豪等的财产管理人为了报告而

制作的代理人簿记。

随着商业的发达，为了明确被作为资本运用的财产（资本性财产）带来了多少利润，出现了“损益计算”*。

* 损益计算兴起于中世纪意大利的贸易商人之中，最初是对每次交易分别进行单项损益计算，随着交易次数增多，连续性的交易越来越广泛，产生了在一定时期进行损益计算的必要，“复式簿记”也因此盛行起来。

现代企业簿记的特点是，运用复式簿记法来明确财产账目以及损益账目。

复式簿记

为了创造利润而被运用的资本，最初采取货币的形式，在运用过程中会转化为商品、机械设备和产品等各种形式，最后还原为货币。复式簿记的特点，就是将这种资本的形态变化（转化）从货币（现金）、资本的具体形态这两个方面记录下来。例如，购入商品的话，货币方面因为支付货款货币（现金）会相应地减少，具体形态方面则是购入的商品增多了，复式簿记就是要把这两方面的情况都记录下来。在簿记中，将这种货币和商品间的互相转化称为“交易”。

在复式簿记中，将“交易”按照其性质区分“帐户科目”，记录到“账户”中去。账户原则上分为左右两侧呈 T 字型。将企业的“交易”按照不同的帐户科目分到账户左右两侧的其中一侧中去，这样的工作称为“分科目”。

分录

账户的左侧称为“借方”，右侧称为“贷方”。资产帐户科目的增加额全部记在“借方”，减少额全部记在“贷方”。

与资产相对应的负债，以及属于自己资本帐户科目的增加额全部记在帐户的“贷方”（债主），减少额则记在“借方”。

同样，属于收益帐户科目的增加额记在“贷方”，减少额记在“借方”。

与收益帐户科目相反，损失费用类帐户科目的增加额记在“借方”，减少额记入“贷方”。

上述分录在原理上可以小结为下表：

分录原理	
借方	贷方
1 资产的增加额	6 资产的减少额
2 负债的减少额	7 负债的增加额
3 自己资本的减少额	8 自己资本的增加额
4 收益的减少额	9 收益的增加额
5 损失费用的增加额	10 损失费用的减少额

分录的具体例子

下面以简单的“交易”为例，示范分录的实际操作。

（例 1）购入 200 万日元商品，货款①现金支付②支票支付③票据支付④赊买。

分录 （借方） （贷方）

①商品 2,000,000 日元 现金 2,000,000 日元

②商品 2,000,000 日元 活期存款 2,000,000 日元

③商品 2,000,000 日元 支付票据 2,000,000 日元

④商品 2,000,000 日元 赊购金额 2,000,000 日元

因为商品资产增加，所以商品 2 百万日元记入借方。同时，由于现金、存款等资产减少，负债增加，所以 2 百万日元记入贷方。

（例 2）以 2 百万日元出售产品，货款①用现金方式收取②用支票方式收取③用票据方式收取④赊卖。

分录 （借方） （贷方）

①现金 2,000,000 日元 产品销售额 2,000,000 日元

②活期存款 2,000,000 日元 产品销售额 2,000,000 日元

③应收票据 2,000,000 日元 产品销售额 2,000,000 日元

④赊款 2,000,000 日元 产品销售额 2,000,000 日元

因为产品这一资产减少，所以产品销售额 2 百万日元记入贷方。同

时，由于现金、存款资产增加，债权增大，所以 2 百万日元记入借方。

（例 3）发行新股，①新股认购者向经办银行支付 1 千万日元的申请保证金②于缴款日期（进行）缴纳，购进新股。

分录	（借方）	（贷方）
	①特别存款 10,000,000 日元	股票申请保证金 10,000,000 日元
	②股票缴纳金 10,000,000 日元	资本金 10,000,000 日元

作为资本的特别存款、股票缴纳金等的增大记入借方，股票申请保证金、增加资本金等资本账目的增大记入贷方。

（例 4）用支票支付广告费 20 万日元。

分录	（借方）	（贷方）
	广告费 200,000 日元	活期存款 200,000 日元

费用（广告费）的增大记入借方，资产（活期存款）减少了，所以记入贷方。

计算表

复式簿记中，需要做交易记录，即“日记账”，还要将交易按照帐户科目进行分解后做“分类帐”，以及对分类后的账目进行合计的“总帐”。现在，日记账和分类帐原来的纸张形式已经不存在了，它们都被记录在计算机中，就连总账有时也是用计算机进行处理。

日常的全部交易在总帐中进行分类合计，营业年度末的结算则根据属于损益类的结余账目制作“损益计算表（P/L，Profit Loss Statement）”，并根据损益以外的结余账目制作“资产负债表（B/S，Balance Sheet）”。这两类表加上股东资本等的变动计算表、会计报表附注都是公司法中所规定的计算表。

损益计算表

损益表就是在一个会计期间内，将通过销售商品和提供服务所取得的收益与所支出的费用进行对照以明确损益产生要素的计算表。

在损益表中，将①销售额②销售成本③销售费用及一般管理费用④营业外收益⑤营业外费用⑥特别利润⑦特别损失⑧税等分别进行表示。

销售成本指的是采购商品等的成本或制造成本*。

* 生产成本中，除原料和零部件等的材料费、使用劳动的代价劳务费以外，还包含工厂和设备等的折旧费、保险费、修理费、电费、租赁费、差旅费、交通费等经费。

折旧费是基于工厂和设备等的价值每年都会根据总的折旧年限减少相应的额度这一原则来进行计算的。计算方式有好几种，采用直接法的话，则折旧额＝(购买成本－净值)÷折旧年限。

销售费用由销售人员的工资和经费、广告宣传费、物流费用、坏账损失、坏账准备金转入等构成；一般管理费则由事务人员的工资等经费、事务所等的折旧费、租赁费、易耗品费用等整个企业的管理运营费用构成。

营业外收益包括利息、股息、有价证券利息、短期持有的有价证券出售利得、投资房地产的租赁费等；营业外费用包括应付利息、公司债券利息、有价证券出售损失、销售费以外的坏账准备金转入及坏账损失、短期持有的有价证券估价损失、原材料估价损失等。

特别利益指固定资产出售利得、前期损益修正收益及其他；特别损失指固定资产出售损失、减损损失*、灾害引起的损失、前期损益修正损失及其他。

* 减损损失指的是当所拥有固定资产的现在价值低于账面所记载的价额时，由于账面价额减少到可回收价额而发生的损失。可回收价额的确定是采用实际出售价额(从市价中扣除预计处理费用后计算出的金额)和使用价值(继续使用资产的情况下预计将产生的利润的累积金额，加上估计将来处理资产能够得到的金额的总额，用利息率减除后所计算出的资产的现在价值)中较高的那一项。

在损益表中，将企业的损益金记为下列五项利润(或损失)。

销售总损益：销售额－销售成本＝销售总利润(若为负数则是销售

总损失）

营业损益：销售总损益－销售费用及一般管理费用＝营业利润（营业损失）

经常损益：营业损益＋营业外收益－营业外费用＝经常利润（经常损失）

税前本期纯损益：经常损益＋特别利润－特别损失＝税前本期纯利润（税前本期纯损失）

本期纯损益：税前本期纯损益－税等＝本期纯利润（本期纯损失）

资产负债表

资产负债表是以向股东、债权人及其他利益相关者传达企业的财政状况为目的而制作的，分为资产部类、负债部类、纯资产部类三个部分。

资产类根据货币化的期间长短，大致分为固定资产、流动资产、延期资产*。

* 固定资产是指有形固定资产（建筑物、机械设备、船舶、车辆、土地等）、无形固定资产（专利权等知识产权、租地权、营业权、软件等）、投资及其他资产（相关公司股票、投资有价证券、出资资金、长期贷款等）。

流动资产是指现金和一年内到期的存款、应收票据、赊款、定金等由于营业交易而产生的金钱债权；短期持有的有价证券、盘存资产（商品、成品、半成品、原材料、未完成品、储存品）、贷款、未收款等由营业且履行期为结算期后一年以内的、或是一年以内应收的预付费用、未收收益（未收利息、未收地租、未收房租）等。

延期资产指的是延期计算下个周期之后的费用，包括创立费、开业准备费用、新股发行费用、公司债券发行差价、公司债券发行费用、开发费用、试验研究费用等。

负债类根据距离支付期限的长短，分为固定负债和流动负债*。

* 固定负债指支付期限超过一年的负债，有公司债、长期借款、预定超过一年后支出的负债性准备金（退休工资准备金、特殊维修准备

金)等。

流动负债指应付票据、赊购款、预收贷款等基于常规营业活动所发生的金钱债(券)权、未付款、未付费用、预收贷款收益(预收贷款利息、预收贷款手续费)、预计将在一年内支出的负债性准备金(奖金准备金、产品保证准备金、施工补偿准备金、维修准备金)等。

纯资产类分为股东资本、估价及换算差额、新股预约权、少数股东份额*等。

* 股东资本分为资本金、资本余款(资本准备金、其它资本余款)、利润余款(利润准备金、其它利润余款)、本公司股份(扣除项目)等。

资本准备金是指,股东缴纳款项中未记入资本金的部分,如合并差额利益等相当于资本的准备金。其他资本余款也是指相当于资本的余款。

利润准备金是为了巩固财务状况而从利润中积存的准备金。与资本准备金合称准备金。准备金的法定额度是从利润分配金额中拿出十分之一进行积累,直至达到资本金的四分之一。除非是要填补资本亏损或将其纳入资本,否则不能折用准备金。

其他利润余款包含任意公积金和本期未分配利润。

任意公积金是根据公司章程的规定或股东大会的决议而积累或保留下来的资金,分为特定公积金和结转余款。特定公积金用于特定用途,有股息平均公积金、损失填补准备金、公司债券偿还公积金、股份偿还公积金、设备扩充准备金、退休工资公积金等。另外,价格变动准备金、缺水准备金、特别折旧准备金等税法所说的所谓利润性准备金也属于任意公积金。结转余款是指无特定用途的单纯的利润保留款。

本期未处理利润是指本期纯利润(损失)加上前期结转利润(损失),如有折用任意公积金的话再加上该金额,再扣除该期中间分红以及与其相应的准备金积存金额后的款项。然后,以它为资金来源,向股东大会提出本期的股票分红、干部奖金、准备金积累、任意公积金积累、下期结转等余款处理方案。

评估及换算差额等分为其他有价证券评估差额、递延对冲损失额、土地重新评估差额、汇率换算调整账目。

新股预约权是在一定期间内购入既定价额公司股票的权利。如期权认股权、附新股认股权公司债的新股认股权、可转换公司债券的转换权等。

少数股东份额是在进行合并决算(连结决算)时产生的项目,计算向联营子公司投入的其他公司出资额(其他公司持股)。

股东资本等变动计表

股东资本等的变动表中记载有关于股东资本的前期期末结余、本期变动额、本期期末结余,还有关于评估、换算差额以及新股认购权,少数股东份额的前期期末结余、本期期末结余和差额,以明确反映出该期间内的金额变化。

合并决算

大公司若有下属的子公司*,则必须与该子公司制定联结的计算表。

* 如果在该公司能够支配其它公司的财务和事业方针的情况下,这种具有支配地位的公司称为母公司,而受支配的公司称为子公司。母公司要达到支配子公司的目的,需要独自拥有表决权的半数以上;如果不超过半数,但是加上母公司关联公司的份额超过半数的,或者甚至没有过半数但与母公司相关的人员占到子公司董事半数以上的均可支配子公司。不过,还有的子公司是不参与联结的非联结子公司,此时适用于份额法(“持分法”),也属于合并结算。

份额法是根据被投资公司的纯资产、损益的变动来修改投资公司投资金额的一种简略化的合并结算方法。

合并决算的计算表中记载了母公司和所有子公司的综合数值。但是,母公司与子公司在出资关系、资产和负债关系、商品交易关系上所对应的部分必须予以冲销*。

* 母公司的出资额方面,将母公司的投资有价证券账目与子公司的资本金账目冲销。同时,子公司股票分红方面,要将母公司的营业

外收益账目与子公司的红利应付金额冲销。母公司向子公司的融资方面，要将母公司贷款账目及子公司的借款账目冲销。母公司和子公司之间的商品买卖关系也要予以冲销，销售额等只显示与外部有关的经济活动。

通过合并决算，可以明确反映出集团的现状，提高财务透明度*。

* 除了与子公司进行合并决算外，如果出资比例达到20%以上，对该公司的财务、事业方针的决定起到重大影响的话，就必须将该公司作为关联公司加入合并决算中来。不过，此时适用于份额法。

财务分析

从资产负债表和损益表，可以分析出企业距离破产等风险的程度，即稳定性(Stability)，以及有多大的获取收益的能力，即收益性(Profitability)。

稳定性可以从负债比例和自我资本比例来推定*。也就是说，可以知道公司是否陷入了过度的负债状态。

* 负债比例可以由负债额÷纯资产额计算出来，小于1的话就说明具有较高的稳定性。

自我资本比例，是纯资产额÷资产额的值。很多日本企业因为依赖于银行的稳定长期借款，所以一直以来都认为有30%以上就可以了，现在则认为最好能像欧美那样达到50%以上。

此外，还有与稳定性相关的计算流动性的指标。因为即使经营的基础是稳定的，如果没有短期支付能力，也会遇到资金困难。所以，固定资产比例、流动资产比例和活期比例是很重要的。

固定比例是固定资产÷纯资产所得到的值，100%以内视为健全。

流动资产比例是流动资产÷固定资产的值，100%以上比较理想。

活期比例是活期资产(现金、存款+有价证券+应收票据等)÷流动负债所得到的值。低于100%的话就说明支付能力处于危险水平。

收益性用销售额利润率和资本利润率来表示。销售额利润率为利润÷销售额的值，资本利润率为利润÷纯资产的值。两者之间的关系如下*：

销售额利润率×资本周转率=资本利润率

资本周转率是销售额÷纯资产的值。

* 利润/销售额 × 销售额/总资产 = 利润/总资产

也就是说,为了提高资本利润率,必须提高销售额利润率和资本周转率。要提高销售额利润率,就必须节省制造、流通费用。要提高资本周转率,就必须提高一定时期内的销售额。

通过按照时间顺序分析这些比例,就能判断出企业的收益性。

会计审计

计算表必须接受会计审计后提交股东大会。会计审计的进行,根据公司形态而有所不同,由监事、监事会、会计审计员、监事委员会来实施。

9、企业法律事务与社会责任

企业在守法和发挥其社会责任方面做了哪些努力?

企业的法律事务

企业在进行活动时,自然需要遵守社会准则,而且还必须利用法规保护自己的利益。

企业的目的是追求利润,但是利润的追求并非无限制的。企业规模越大,对社会各方面所造成的影响也就越大。不仅是对股东和客户,对在企业工作的职工和购买企业生产的商品和服务的消费者,以及企业所在的区域社会等与企业有关的利害关系者(Stakeholder)都应负有责任。

在这个重视企业社会责任(Social Responsibility of Enterprise)的时代,企业通过法务部等专业组织,从事有关社会责任的管理。

另外,对本公司知识产权的保护和管理,原本就是法务部的工作,现在变得益加重要。

社会责任与企业价值

企业进行以承担社会责任为目的的活动需要成本，但是，尽到社会责任可以提高企业的价值。评价企业价值要看两个方面，经济方面和社会方面。收益率和分红率高，财务稳定的话，企业经济方面的价值评价就高。同样，人们还会从环境政策、对职工的照顾*和消费者对策等社会方面来评价企业的价值。如果社会对企业价值评价高的话，就能提升企业形象，这会给企业经济方面的价值带来好的影响**。

* 重视职工的福利保健，进行人性化管理可以提高职工的士气(Morale)。职工精神振奋，会使得各种改善活动和质量管理得到提高，这样企业经济方面的价值也会提高。

** 形象好的企业，能够赢得投资者的信任，在资金筹措方面可能取得很大优势。

日本普遍认为企业维持雇佣关系是它的社会责任。战后，“终身雇佣制”“年功(资历)工资”等日本式的雇佣体系在相当长的时间内有效地发挥着作用。在全球化的影响下，近几年来人们开始指出其中的弊端。不过，这种雇佣习惯也有符合日本社会根深蒂固的价值观念的优点，这也是不容否认的事实*。因此，随意解雇员工的企业，在企业社会方面的价值评价就会低一些。

* 日本一般是以长久的观点来进行人才培养和业绩评估的。可以说，它起到了避免因为重视短期成果而造成经营失败的作用。

社会责任的内容

社会责任的内容包括雇佣、消费者和环境对策，以及社会贡献等。从广义上来说，对自身活动内容的公开及说明，甚至遵守法令也属于社会责任。

综合上述要素(Factor)，企业以扎根于创业以来的传统和在传统中确立起来的经营习惯、经营方式的“企业文化”为基础，构筑“企业理念”，制定“伦理规范”和“行动守则”，并以明确的形式提出，这是社会的要求。此外，还要通过企业活动的第三方评价(社会监督等)的导入以及实施信息公开，确保企业社会责任的实行。

雇佣对策

对于社会中的企业，重要的一点就是要为拥有不同想法和价值观的人们提供一个可以安心工作的场所。这里所说的“安心”，并非仅仅是指不被“炒鱿鱼”。职工的人权保障自不必说，提供一个可以让员工具有主体性的，而非强制性的职业生活环境，也十分必要。具体来说，①为不同立场的人们提供雇佣场所②注重对职工基本人权及个人信息的保护③使职工能够根据各自的生活方式选择适合的劳动方式④使职工的职业形成和能力开发得以实现⑤根据职工工作的不同给予相应的待遇等，都是非常重要的*。

* 必须建立起能够客观检验高龄者、女性、残疾人士的雇佣状况，职工的人权保障体制、勤务状态、福利保健、能力开发制度、业绩和能力评估制度等的体制。

消费者对策

企业的消费者对策是反映企业真实面目的一面镜子。认真倾听消费者的声音，提供安全的、可信的产品和服务，是社会责任的重点。企业能够明确认识到这一点，并在此基础上不断努力，是企业能否发展壮大的关键。

从这一角度来说，重视企业与消费者的交流，构筑与消费者之间的信赖关系，构建将消费者的需求反映到产品中去的机制是十分重要的*。

* 可以采取下列措施，如设置面向消费者的窗口、利用互联网听取消费者的意见和问题、在商品出现缺陷时公开信息及迅速采取措施，建立关于消费者意见的信息管理及反馈机制、充分利用具有消费生活顾问资格的人才、整顿员工教育等方面的体制。

随着高龄化社会的到来，提供符合高龄和残疾人士需求的产品及服务这一点已经越来越重要。

提供安全的消费品是企业的基本义务。1995 年起开始实行的制造物责任法(PL 法)规定,若企业提供的产品存在缺陷,企业要对由此而引起的损害负赔偿责任。在 PL 法中,除了保持产品设计过程和制造过程中的安全性,还要求企业对保持产品使用上的安全性加以明确的说明和记载。在职工中贯彻 PL 保持法思想,也是企业重要的社会责任。

环境对策

环境对策对企业价值有很大的影响。避免排出环境污染物的对策非常重要。如果该对策不完善的话,就有可能产生清除污染物质的责任,甚至是受到停止营业等法律处分。这样,经济损失的风险以及企业形象恶化等社会损失的风险就会增大。

其次,改善环保措施也很重要。通过削减资源、能源的使用量可以减轻环境负荷,还能够降低成本,增加利润,因此容易实行。另外,通过积极地实行循环利用,或是开发容易再利用的产品,都有减轻环境负荷的效果。

另外,导入环境管理体系等综合性环境对策也很有必要。制作和公开环境会计帐目已经逐渐普及,国际标准化组织 ISO 的 ISO14000 系列资格认证也正在进行中。但是,由于这些措施通常不会对企业的营业额和成本产生直接影响,所以各个企业执行情况的差距较大*。

* 一般认为,环境经营长期来说可以提高企业价值。例如,如果能够通过取得 ISO14000 资格等方式,使职工具备降低环境负荷和环境风险的意识,最终必将提升企业的价值。

社会贡献

根据企业赖以存在的基础——区域社会的要求,进行公益活动或支援文化活动、做出社会贡献,可以提升企业形象,从而有助于劳动力市场和消费市场的扩大*。

* 顺应社会对民间非营利性组织、团体 NPO 开展的公益活动的需要,对各种 NPO 进行支援与协作,或者是企业自主进行公益活动,都是成熟市民社会的表现,正受到瞩目。

Compliance（法令遵守）

Compliance 的意思是遵守法令，是企业应尽的义务。但是，不少企业由于急于追求利润，从而发生了许多违反法律法规的舞弊事件。

企业负面新闻的发生对企业是一种致命打击，所以如何确保 Compliance（法令遵守）已经成为企业的重大管理课题*。

* 引发牛肉伪装事件（将进口牛肉伪装为国产牛肉，骗取补助金的事件）的雪印食品就因为这一原因，消费者发动了抵制和拒绝购买运动，最后落到被迫清算的下场。

Compliance 是公司治理的重要课题，公司法将它规定为公司干部的义务，并要求他们对由于违反法令所带来的损失承担赔偿责任。不仅如此，企业管理者们也开始懂得对所有职工进行彻底教育，向他们灌输为避免违法事件发生而遵守法令进行企业活动的必要性。

Disclosure（公开信息）与 Accountability（说明责任）

企业要承担社会责任，就有必要公开关于企业活动的信息。公司法就规定企业有公开有关企业干部及财务信息的义务。此外，社会影响较大的信息，例如关系到产品和服务安全性的信息，也被认为应该尽早公开。

另外，企业对于自己活动的内容及理由，还有向社会做出说明的义务。

信息公开和说明责任，会使社会对企业价值的评价提高。

知识产权管理

管理商号、商标、专利等知识产权，对企业来说很重要。为了让这些知识产权不受侵害，有必要进行信息的收集，如果有遭到侵害的危险，就要通过诉讼等法律手段加以保护。

进入 IT 革命的时代，如何进行软件及企业机密（技术诀窍）等的保全、管理，已经成为一个重要的管理课题。

10、商业的经营

日本的近代商业是怎样发展起来的?

近代商业的起源

商业乃至流通的历史,几乎与人类的历史同样悠久。但是,如果仅将流通限定于买卖,即与财产所有权的转移活动有关的话,那么在近代的所有权确立同时,流通的历史也就开始了。根据这种观点,日本近代商业、流通的根源,可追溯到江户时代中期。随着江户时代前期开始的原始工业化,流通也改变了它完全基于封建统治者需求之上的旧貌,开始将平民的生产和需求纳入其中。江户时代中期原始工业化迎来了鼎盛时期,流通业从点和线的流通发展成为面的流通。在形成全国大面积的流通网络的同时,承担着乡镇等区域经济圈内部乃至区域经济圈之间流通的新兴城市开始出现*。

* 17世纪初成立的德川幕藩体制与欧洲的封建制度不同,其特征是封建统治阶层的武士都集中居住在城市并官僚化。当时的江户聚居了幕府和各藩的武士(官僚),从而出现了巨大的新兴消费城市。能够满足其需求的,是手工业发达、近畿地区的商业都市——大阪。大阪随着各藩区域经济圈的发展成为一个大范围的商品集散地,并且促进了地方土特产品的发达。由于幕府采取了限制外贸的锁国体制,主要商业地区和贸易港的直辖和货币铸造权专营等国内商业政策,加上德川时代300年的和平,带来了国内流通业的发展。

如此成长起来的江户时代的商业的特征是:第一,它是以大阪为中心发展起来的国内商业组织;第二,在大阪和江户,沟通与各藩的经济中心城市进行商品流通的批发商业得到了发展,地方城市中从事异地贸易的批发商("门屋")及经纪人("仲卖")也兴盛起来,批发商的流通组织承担了广大地区的商品集散工作;第三,批发商经营的商品出现了特殊化、专业化特征,从而积累了高水平的商业知识,还形成了行会。这不仅保障了交易的可靠性,还激发了各个地区经济的活力,促进了地方商人商业道德的普及和确立；第四，流通业、运输业、金融业、商品交易所等在大范围的商品交易中不可缺少的相关领域的专业化也开展起来。

这些多阶段多层次的商业组织，适用于进行小批量的高效流通，直到20世纪60年代，它一直作为基本的国内流通组织在发挥作用。

近代化·大量生产的发达与商社的发展

日本于1859年开放港口，从此进入世界贸易，开始走上近代化，即西欧化的道路。当初进行贸易的是英国和美国等贸易商，而传统的日本商业组织则掌握了进口产品国内流通和出口产品集聚的主导权。因为长期施行锁国政策，日本商人缺乏国际贸易方面的知识，也缺少资金运用能力和组织能力。

19世纪70年代，日本引进西欧的机械化大工业，开始走上工业化的道路。一方面，实现工业化所需的资金要靠出口生丝、茶、煤炭等半成品及原材料的收入来支付，而这些进出口交易均处于外国商社的控制之下。对于新兴工业国日本来说，确立商业权成为一个重要的课题*。

* 商业权确立运动是从日本商人的直接出口贸易开始的，但同时他们认识到日本与西欧之间存在着商业习惯的差异和技术差距，而不填补这些差距，仅开展直接贸易是不能取得成功的。

19世纪末三井物产、铃木商店等综合商社，以及伊藤忠、内外棉、日本棉花等与棉纺有关的专门商社的崛起，不仅促进了国际贸易交往，还促进了国内商业的发达，它们还积极参与对国外技术的引进、国内生产的组织化、金融等，这就是所谓综合商社形态。这些商社，在海外公开信息，在以国际贸易为目的的海运、外汇和贸易金融、保险等手段得到普及之后，也在不断开拓新的活动空间，不断发展壮大。

二战战败后的一段时期，随着经济复兴所带来的需求，商社也勉强进行了一些贸易业务。直到20世纪50年代中期，伴随着日本重化学工业的正式发展，商社重新开展起作为综合商社的大范围活动*。

* 引进从二战开始在欧美发展起来的新技术，从事与原材料和粮食进口有关的信息收集、运输安排、进口手续等贸易业务，还从事产

品的国内销售与出口。1960 年以后开始发展从承担顺应能源革命要求的石油等新型原料、燃料的进口，到信用交易担保的更为广阔的业务范围。

工业发展日新月异的技术革新，要求制造业在设备投资和生产技术的确立上要付出更多努力。因此，生产过程前后必然出现的与流通过程相关的业务，就在很大程度上依赖于商社的专业知识、信用调查能力和资金能力等。活跃的商社活动，为日本的制造业创造了一个可以将全力集中于生产的经营环境。

20 世纪 70 年代，日本的制造业开始全球化。选择合作地的当地企业，原材料和燃料的开发进口，与海外工厂的零部件及产品交易等多种多样的国际业务给商社提供了用武之地*。

* 三井物产积极参与的伊朗的石油精炼和出口事业 IJPC，最终由于两伊战争而受挫。但住友化学、住友商事等住友集团亲手操办的印尼的 Asahan 项目，通过开发水力发电建设大规模的铝精炼厂，替代了石油危机中由于电费遽升而失去竞争力的日本铝精炼业，从而满足不断扩大的铝的需求。商社就是承担着这样大规模项目协调者的角色。因此，虽然人们一般都说“商社—寒冬时代”已经到来，但实际上现在商社的业务是在不断扩展的。

流通革命与大规模零售业的发展

从 1955 年到 20 世纪 70 年代中期这将近 20 年的高速经济增长期内，日本的生活水平急速上升。与此同时，城市化的进程加快，在城市里形成了中产阶级这一新的消费群体。得益于战败后的民主化政策，日本成为世界上收入差距较小的社会之一，城市里也出现了拥有极为平均化消费模式的大众消费社会。就这样日本于 20 世纪 60 年代迎来了大众消费市场的形成期。

一直以来作为小规模零售店销售的主要承担者的批发商，他们所组织的小批量流通的流通网络，不仅没有失去对地方消费市场的支配能力，而且在城市中仍然拥有在传统商品和新鲜食品方面的强大竞争力。不过，与此同时，顺应城市中大量消费的需要，以大规模厂商大量生产的商品为中心的大量销售网络开始完善起来，其最初的形式是超级市场，但它又不像美国式的以食品为主的大规模零售店。卖场面积也没有美国大，而是采取（的是）了综合经营衣物和家电等商品的自助式商店的模式而发展起来*。

* 日本的人口密度高，城市居住环境密集，再加上人均GNP少，所以私家车的普及比较晚，这些原因都刺激了城市公共交通的发展。而且，日本的城市化主要依靠高度经济增长期大量的年轻劳动力从农村迁移到城市这样的形式发展起来的，所以一个人的家庭和一夫一妻式的家庭很多，这对快速普及起来的家电的需求非常大。针对这种消费特征，日本式的量贩店（GMS）出现了。有不少量贩店开到了郊外的住宅区，根据小区居民的需要，提供各种所需的廉价生活用品。

进军超级市场这种新型经营模式的，有药品连锁店出身的大荣百货（Daie）、西服饰品出身的洋华堂（Ito－Yokado），还有从百货商店这种新型经营模式起步的西友等等。从一开始，食品和衣物就是重点经营的商品，到60年代中期，由于过度的设备投资造成供给过剩的家电产品也加入了廉价销售的重点产品行列。

超市在激烈的竞争中不断增加店铺，本来就不太充足的资金能力达到了极限，由此陷入仅仅为不立即倒闭而勉强营业的困境（这被称为“自行车式经营”），不断出现大起大落的情况。因此，为了从国内外筹措大量用于销售的商品，越来越多的超市开始依赖于企业规模大，又有能力拥有足够资金和信息的商社。不仅如此，借用商社的信息优势进行市场营销，资金优势进行店铺租赁，也有助于超市的发展。结果，小超市开始被置于商社的控制之下。不过，在此过程中规模得到扩张的超市，以大量采购为武器，从厂商处廉价购入拥有自家品牌的产品，确立了自己在价格方面的支配地位，而且还打破了家电产品、化妆品和医药用品等的转卖价格制，成长为全国性规模的大型量贩店。

需求的多样化与经营模式的多样化

渡过石油危机之后，在20世纪70年代后半期到80年代中期的稳定增长期中，更高层次和更为多样化的消费需求创造了新的市场。在郊区，大规模住宅区不断发展。同时，私家车的时代也到来了。城市郊外的主干道沿线兴建起很多大规模的量贩店、廉价商店和综合商业设施，城市的中心地区则出现了很多配备有停车场的大规模百货商店和销售家电产品的廉价商店等。

在农村，由于农业以外的就业机会增多，农民的收入比城市上升得更快，私家车迅速普及，同时生活方式也快速向城市化靠拢。因此，和城市郊区一样，量贩店、家电和西式服装等廉价商店、连锁饮食店等综合设施也发展起来。

另一方面，1972 年量贩店首席代表大荣从百货店首席代表三越手中夺走了零售业的霸主地位，这给传统性的小规模零售店带来了冲击。此前，已有百货店法对百货商店的扩张和卖场面积、营业时间等进行限制，现在则有必要将超市作为限制对象。1973 年大规模零售店法应运而生，规定大规模零售店在扩张时要与本地的商店街保持协调。这样，传统的小规模零售店的商业权得到了保障。

* 大规模零售店法最终促使量贩店向郊外扩张，成为地方城市人口过少和车站前面商店街衰退的原因之一。大店法基于日美构造协议（“日米构造协议”）要接受美国资本进入零售店，在 90 年代开始放宽限制。但是，小规模零售店在放松限制的改革出现成效之前，就因为泡沫经济所带来的劳动力费用上涨、城市就业机会增加、地价上涨等因素而大受打击，店铺数量大幅度削减。现在，车站前面商业街的衰微给高龄化社会提出来新的大问题。

生活水平的进一步提高带来了生活方式的多样化，在城市 24 小时运转进展的同时，消费的个性化也进一步深化。和以往人们在超市和廉价商店（a Discount Store）一次性大量购买廉价商品相比，现在人们更多倾向于只是在需要时就近购买少量所需商品，便利店就这样成长起来。

* 最早的便利店，是以伊藤洋华堂为母体，引进了美国 7—11 经营模式，在石油危机中 7—11 日本店开业。因为便利店采取的是加盟方式，所以以往小规模的零售店转身加入便利店的例子很多。

同时，由于在外面吃饭的人越来越多，家庭餐厅和各种专业连锁

店、郊外的路旁餐馆也兴旺起来。Skylark（“すかいら—く”）、麦当劳、肯德基等从 20 世纪 70 年代中期开始发展了多家店铺，席卷全国。

1990 年泡沫经济破灭以后，量贩店和廉价商店开始积极地大幅度降价，在这一过程中，物流的合理化成为降低成本的最后一张王牌。随着计算机存储量的增大，导入 POS—DOS 进行彻底的库存管理得到了快速发展。进入 21 世纪以后，厂商和大型物流公司开始着手于物流业进一步的合理化 SCM（Supply Chain Management）。另一方面，传统的批发商为了在中间物流业中得以生存，不得不进行改组，不少都被列入商社旗下。

另外，宅配便和 IT 的普及使得产地和消费者的直接联系成为可能，函售、生产者的产地直销、利用在线销售的网上购物等都得到了广泛普及。面对这些新型经营模式的发展，大荣破产，沃尔玛收购西友，量贩店在进入 21 世纪后不得不重新改组。另一方面，便利店在过度竞争中又面临着连锁药店便利店化的挑战，在开展供个人食用已烹饪好的食品开发、经营宅配便、复印服务、设置 ATM 等多样化服务的同时，为了生存，还致力于通过物流方面的彻底合理化、建立店铺业务手册、利用兼职劳动力等方式以达到降低成本的目的。

11、金融业的经营

在日本活跃着怎样的一些金融机构？

金融业

贷款给那些需要资金的人的商人自古就有。他们以自己的积蓄为本金进行借贷活动，被称为高利贷或放债人。在多种货币流通的地方，对各币种进行兑换的行业也在很早以前就出现了，他们被称为兑换商。另外，在人们需要远距离间寄款或取款的时候，为他们进行汇款或转账业务的中介也在很久以前就存在了。而帮助人们保管钱款，同时收取一定保管费的交易也有相当长的历史。

可以说这些商人从事的就是金融活动，可是它们却与现代的金融业有所不同。现代金融业的核心是银行。银行的核心业务是，把个人或企业的闲置资金（暂时不用的货币）以存款的形式收集起来，并以此为本金向那些需要资金的企业进行融资（存贷业务）。向存款方交付的存款利息和通过融资所收取的贷款利息的差额就是银行赚取的利益。

银行以票据贴现和书面证据贷款为中心进行融资。关于商业票据贴现在第 2 章第 3 节中已加以说明。书面证据贷款是以不动产或有价证券作为担保进行贷款的一种期限较长的融资。

除存贷业务，银行还经办支票业务（参照第 2 章第 3 节）、兑换业务、汇兑（汇款）业务，提供贸易信用保证、信托业务等一般性服务。另外，银行还开展投资或债券/汇票买卖等金融商品*的交易（Dealing）。同时还为大客户提供资产运营的咨询服务（Consulting）。

* 在金融商品中，金融派生商品（Derivative）占很大比重。所谓金融派生商品是指通过预测未来市场变动而进行的期货交易交换、浮动利率和固定利率的利息互惠信贷、交换不同币种债务的货币互惠信贷、买卖选择权交易等。通过金融派生商品的交易，短期资金得以在全世界范围内迅速流动。

金融业在不同的国家呈现不同的形态。在日本除了银行以外，还包括共同组金融业、政府系统的金融机构、贷款业、证券业、保险业等。以前在金融界曾设置了禁止各个业种之间兼业的制度壁垒，但是公司通过其子公司介入其他行业，或通过金融控股公司在其旗下设置他行业公司等方式，逐渐打破了这些壁垒。这一现象与利率、手续费及经办商品限制的放宽和废除等，被统称为金融自由化。

日本的银行

在日本，有中央银行性质的日本银行、普通银行（分为都市银行和地方银行）、信托银行、外国驻日银行。以前还曾有过长期信用银行等特殊银行，现在已不存在了。

日本银行负责发行日本银行券，它通过调整货币流通量和民间银行贷款的利率（中央银行贴现率）、收购和出售债券（公开市场操作、市场买卖）、调整支付存款储备率（民间银行向日本银行借款时，作为活期存款寄存的支付储备金的比率)等手段起着调节作用。决定日本银行基本金融政策的政策委员会,由总裁、副总裁(2名)以及审议委员(6名)共计9人组成,他们经国会批准最终由内阁任命。

都市银行和地方银行

都市银行是普通银行中,在东京或大阪这样的大都市设有总店,在全国范围内开展金融活动的银行。都市银行一度曾有15家之多,后来经过合并重组,到2006年共有7家,分别是瑞穗银行(由第一银行和日本劝业银行合并而成的第一劝业银行和富士银行、日本兴业银行三家银行合并而成),瑞穗集团银行(成立过程同瑞穗银行),三井住友银行(由三井银行与太阳神户银行合并而成的樱花银行,和合并了平和相互银行的住友银行两行合并而成),三菱东京UFJ银行(由东京银行和三菱银行合并而成的东京三菱银行,和由三和银行与东海银行合并而成的UFJ银行两行合并而成),RISONA银行(由大和银行与协和银行,和合并了埼玉的朝日银行合并而成),埼玉RISONA银行(金融厅将其分类为地方银行),新生银行(继承破产的旧日本长期信用银行)。其中,规模较大的银行有三菱东京UFJ银行、瑞穗控股公司(瑞穗银行和瑞穗集团银行的控股公司)、三井住友银行,它们被称为超巨型银行(Mega－Bank)。

地方银行是指“按照银行法取得了营业许可,其经营基础主要在地方的银行”。与早期就开始经营的地方银行不同,相互银行等是根据“关于金融机构合并及转换的法律”于1982年2月1日以后基于银行法转换为普通银行的,它们被称为第二地方银行。地方银行与第二地方银行有时被统称为地域银行。

新形态的银行

现在出现了一些与以往形式不同的银行。例如没有店面而通过因特网进行交易的网络专门银行,以设在超市或便利商店等处收付现金的自动提款机ATM为中心进行交易的银行,以中小企业融资为专业的银行,以暂时接手破产银行的业务为主体的银行等*。

*　网络专业银行有日本网络银行、E—bank 银行、索尼银行，以 ATM 为中心的银行有 Seven 银行，中小企业融资银行有日本振兴银行、新银行东京等。

都市银行、地方银行也办理网上交易业务，他们专门开设网络银行专用分店来应对这种新形式的发展。

信托银行

信托银行是指在普通银行业务以外还办理信托业务的金融机构。一般认为只包括中央三井信托、三菱 UFJ 信托、瑞穗信托、住友信托这四家银行，它们从战前的信托公司转换为信托银行，并与都市银行或都市银行集团进行业务合作。1985 年以后加入的银行按照惯例不算在内。

信托业务是指帮助他人保管财产，并运用各种方法使其产生利益的业务。包括金钱信托、贷放信托、养老金信托、土地信托等*。

*　金钱信托：把顾客（委托人）预存的资金通过票据贴现或有价证券（股票、债券等）的运作，为其分配红利。

贷放信托：把委托人预存的资金长期性地借给大企业，并将运作所得的利益分配给委托人。这种方式在高速增长期发挥了很大的作用，可是由于后来大企业将筹措资金的中心转移到了公司债券上，为此也出现了停止贷放业务的信托银行。

养老金信托：为企业或个人的养老金基金进行运作。

土地信托：接受土地所有者的委托，为其代理高楼或住宅的建设、管理、运营等业务，将房租减去各种费用后的利润分配给土地所有人。

合作社金融业

银行是股份有限公司性质的盈利法人。与此相对，金融业中也存在以向地区居民、中小企业者、农林渔业者、劳动者等提供方便为主要业务的合作社的非盈利法人。

信用金库（依据信用金库法的金融机关）的会员和信用合作社（依据中小企业等合作社法、合作社金融事业法）的合作社员是由一定地区范围内的中小企业者或地区居民构成的。会员、合作社员通过出资，获得享受存款和融资等金融服务的资格，并享受出资资金的收益分红。那些在信用金库的营业地区居住、工作、或拥有营业单位的人（从业人员在300人以上的企业等除外）拥有会员资格。这种金融机构的营业地区被限定在一定区域范围之内，从当地筹集上来的资金再以融资的形式返还给当地。融资的对象只限于会员、合作社员。信用金库对来自会员以外的存款采取无限制接受政策，而信用合作社则规定来自合作社员以外的存款不得超过合作社存款总额的20%。

专门面向农林水产业开展业务的信用机构有各种合作社（农业合作社、林业事业合作社、渔业合作社、水产加工业合作社等）。它们以合作社人员出资筹集的资金为基础，在经营其他业务（共同销售和购买、共同生产、保险）的同时，也提供存款和融资服务。还成立了作为合作社的上级组织的各都道府县的联合会和全国中央会以展开活动。

此外，还有以工会、生活消费合作社会员为对象的劳动金库。

政府系统金融机构

政府系统的金融机构数量很多，现在正处于重组过程中，其中最大的机构是邮政公社（国营公司，由国家全额出资，依法设立的特别法人）。日本邮政公社是在全国范围内开展业务的邮局，除了办理邮政业务外，还经办储蓄、融资、汇兑、转账（汇款）、简易生命保险等金融业务。邮政储蓄余额从2000年起突破了200兆日元，是日本储蓄量最大的金融机构。邮政公社从2007年开始将被分割为作为控股公司的日本政邮股份公司和其旗下的邮政事业股份公司、邮局股份公司、邮政储蓄银行和邮政保险公司等。

作为海外投资和融资系统的金融机构，国际协力银行主要起着对一般金融机构所进行的进出口业务以及外国投资相关金融业务的补充和完善作用。

日本政策投资银行和冲绳振兴开发金融公库是为了促进产业开发振兴而对一般金融机构的长期金融予以补充完善的金融机构。

公营企业金融公库为了地方公共团体的公共事业（自来水、煤气等),通过吸收地方公共团体发行的地方债券来帮助其融资。

中小企业相关的金融机构有工商合作社中央金库和中小企业金融公库。

国民生活金融公库、农林渔业金融公库、住宅金融公库为那些难以从一般金融机构得到融资的国民或农林渔业从业人员提供用于事业资金和住房资金的贷款。住宅金融公库将于2007年改组为独立行政法人住宅金融支援机构。

贷款业等

贷款业、当铺、信用金融业、分期付款金融业以及通过认购股票来经营投资业的非存款信用机构等也属于金融业范畴。

贷款业主要是为消费者提供贷款,或者提供借贷的中介服务,同时也有主要向企业提供同样服务的贷款业。前者分为有担保贷款业和无担保贷款业。而面向企业贷款的贷款公司还有票据贴现业和按天支付贷款业。与一般的金融机构相比,其贷款利息较高,即使超过利息限制法所规定的20%的最高年利率,只要在贷款业法或出资法所规定的范围内就不会受到处罚。所以一般贷款业都是以年利率25~29%的利息营业的。

当铺是以物品作为抵押向一般老百姓融资的金融业。当铺营业所依据的不是贷款业法,而是当铺营业法,在警察(公安委员会)的许可和监督下进行。

信用金融业主要以发行票券和信用卡,帮助会员购入加盟店的商品,或者向加盟店替会员垫付货款的形式开展业务。信用卡公司一般称为信售公司。

分期付款金融业主要为伴随分期付款销售以销售店的债权作为担保,或者购买其债权向销售商店提供信贷业务。还有被称为“赊销债权收购业(Factoring 业)”的金融机构,它们收购赊销债权,也是分期付款金融业的一种。

投资业等非存款信用机构中,主要以接受股票的方法向企业提供资金,有中小企业投资扶植公司、风险资金、投资事业合作社等。

此外，还有向个人或企业提供住宅资金贷款的专门住宅金融业，向证券交易所的会员提供信用交易结算所需资金或有价证券贷款的证券金融业，以及由从事短期资金(Call Money)贷款或借贷中介，进行票据买卖交易的短期贷款公司所开展的短期贷款业等。

证券业

金融商品交易法规定，向内阁总理大臣注册登记，从事有价证券买卖、买卖的中介、承兑发行等业务的公司是证券公司。证券公司除了经营股票、公司债外，正扩大着投资信托买卖的业务。

证券投资信托是受国家认可的专门的投资信托公司，根据证券投资信托法规定的资金运用方法，从顾客(投资家)那里聚集资金并将这些资金投资到股票或公司券上去，将其收益按照出资金额比例给顾客分红。投资信托委托公司是各种金融机构或专家，以投资信托运用公司或投资顾问公司的名义设立的，证券的直接买卖等业务由接受委托的信托银行按照委托公司(Fund Manager)的指示进行处理。

* 投资信托(通常被称为某某资金等)的受益证券(发给顾客的出资证券)的募集、买卖以及利益分红等业务由证券公司处理。受益证券因运作方法的不同有可能发生零分红或收不回本金的情况，是一种可以转让的证券。

与证券投资信托类似的还有房地产投资信托。它的运营方式是，用从顾客那里筹集的资金购入房地产，将从中产生的租金或出售的收益向投资者分红。房地产投资信托证券(REIT，Real Estate Investment Trust) 通过证券公司等进行买卖。

商品期货交易业·商品投资业

商品期货交易业需要得到商品交易法的许可，在商品交易所的商品市场接受顾客委托进行期货交易。商品投资业是指基于商品投资事业法的许可，把顾客投资的资产运用到商品投资。

保险业

保险业是接受那些想要预防发生不测事故的人缴纳保险金，在事故发生时为其支付保险金的机构。包括有生命保险公司、损害保险公司和共济事业。

生命保险公司包括基于保险业法成立的股份公司组织形式和互相公司组织形式的公司。外国的生命保险公司以前者居多。邮政公司也进行简易生命保险业务。

损害保险公司是基于保险业法成立的股份公司组织，以火灾、海上、运输保险为中心，同时也经营机动车伤害、盗窃等保险。

共济事业是各种合作社等经营的生命保险及损害保险，代表性的共济事业有JA共济（农业合作社事业）、全劳济、县民共济、生活共济（CO—OP共济）等。

保险的种类日益增加，防备各种损害的新型保险在不断开发*。以与人相关的损害为对象的新型保险通常由生命保险公司和损害保险公司经管。

* 包括为个人必须承担损失赔偿情况而设立的损失赔偿保险，作为医疗、劳动伤害、护理等方面为补充公共保险而设立的疾病保险、劳动伤害保险、护理费用保险，以及为因偶然原因而发生损失，或没能得到预期利益而设立的费用和利益保险。

12、运输·通信·信息产业的经营

在运输、通信和信息产业领域都进行着怎样的一些企业活动？

运输业

人或物的移动输送是人类生活中不可缺少的服务之一。以人力或家畜、风力或水流为动力源，利用车辆或船舶运输自古就有。因而，日本很早就已经开始实施道路或水路，中转站或港湾等交通基础设施的配备*。

*　在日本，从古代国家就开始铺建陆地主干线道路，在中世纪就已经出现了运输行业。到江户时代，随着诸侯的轮流进京（"参勤交代"），各地区和江户之间的物资运输量有了飞跃性地扩大，开拓沿海航路利用船舶的大量运输也兴旺发达起来，当时海运行业的活动非常活跃。

明治维新以后，蒸汽船和铁路等新型运输工具的引进，促进了近代运输业的发展。20 世纪 20 年代，汽车成为新的运输工具，飞机也开始出现。到了 20 世纪 60 年代，高速新干线的出现迎来了铁路客运的新时代。而且，高速公路的修建不断完善，航空线路也在不断向国内外伸展。

海运业

曾经担负起海外旅客输送的海运业，随着飞机的发达和普及，其国际航路成了货物输送专线*。而且，还有在特定航路定期配置货船的定期船（Liner）营业，和应货物的收集状况实行货船航行的不定期船（Tramper）营业。定期船一般是在运费大体固定的基础上运营，因而若能确保稳定载货量的话就很有利，但如战争等由突发性事件而引起海上运费一时高涨的情况下，不定期船会更合算。一般来说，海运公司都会衡量两者的利弊而进行经营操作。

*　但国际航路启航的豪华客船，作为一种高级娱乐深受欢迎。

海运业也出现了专用船舶。如油轮的大型化、船运的集装箱普及，LNG 船、钢铁原料船、汽车船、石灰船、木材船等，这促进了劳力的节省，实现了低成本的大量以及稳定的运输。海运公司，除了利用自家公司的船舶外，还租借其他船主的船舶进行航行。

在所有的产业中，海运业是国际竞争性最为激烈的领域。为此，由定期船公司组成的海运同盟所策划的国际运费协定的线路曾经屡屡出现。但是，反垄断政策的影响和后起海运企业的加入促进了自由竞争。在海运成本结构的主要因素中，船员（乘务员）的工资因国籍不同而有很大差距。海运公司录用外国船员，为了避免法律上的限制，采取加入巴拿马等海外船籍的做法。现在，除 LNG 船等特殊船的全体乘务员由日本人组成外，由外国船员组成的船舶在航行的船舶中占了大多数。

国内航路(内航海运),除货船外,还有运送旅客的渡船,承载汽车的汽车渡船也很活跃。

日本近代海运业的历史和现状,在第 4 章案例学习中有关股份公司商船三井的具体事例中将详细提到。

铁道业和汽车运输业

铁路运输长期以来保持着主干线为国有或国营,城市近郊线由民间铁路公司运营的体制。1987 年,日本国有铁道解体,设立了北海道、东日本、东海、西日本、四国、九州这 6 个旅客铁路股份公司和日本货物铁路股份公司等 7 家 JR 公司,铁路业实行全面的民营化。而大城市的地铁,因建设费用巨大多为公营企业经营。

利用汽车输送旅客,如民营出租车、民营和公营的公共汽车于 20 世纪 20 年代开始营业,作为近距离运送的货物运输以铁路站或港湾为据点也发展起来。20 世纪 60 年代出现了汽车的普及化,道路网络也随之完善,中长距离的卡车运输也因此繁荣起来。初期的汽车货物运输,运输省实行各线路的许可制,这使得新的企业难以加入,存在着即得特权问题。自从废除各种限制条款后,在竞争原则的作用下,出现了价格和服务方面的竞争。现在,汽车运输已成为日本国内最为普遍的运输手段并扎下了根。

曾经是陆路运输最重要运送手段的铁道货物运输,其运输量随着卡车运输的扩大而不断减少。和卡车运输相比较,铁道运输存在着先天性的缺点。如果铁路没有延伸到目的地的话,从目的地最近的站就不得不依靠卡车运送了。被称之为门到门服务,即连接发货地和到货地的运送是卡车运输的拿手领域。特别是在部件供应方面一旦采用准时制生产方式 (JIT, just in time),部件运送要求严守到达时间,因而利用卡车运送的倾向变得越来越强。

陆运也在海运的影响下向集装箱化发展,夹在国内远距离输送的内航海运和铁道运输中的末端输送一般都采用卡车运送方式。从能源节省、防止大气污染的观点看这种方式是妥当的。

日本"宅配便"(零担货运输)

专门配送小件货物、实行迎合市场需求的送货上门服务的卡车运输业宅配便迅速地成长起来。一般家庭的零星物品配送,一直都广泛利用邮电局的包裹邮件,1976 年大和运输以急便物流("宅急便")为商品名正式进入零星小件货物输送领域。零星物品的投递,一直被认为是费时间费力的低收益业务。但实际上,同等重量下的单价和其他的货物输送相比较高,人们逐渐认识到开展这项业务能提高其收益性。之后,许多企业纷纷加入到了这一领域。

日本"宅配便",当初只限于输送个人之间的货物,随着因特网的发展和在线购物的普及,也常用于产品的运送,而且需求不断增长。

和邮政行业竞争的过程中,日本"宅配便"企业表示了加入邮政物品发送业务的意向,其业务范围扩大到邮寄广告等商业邮政。他们被允许进入书信(信件等)发送业务、设备(邮箱)的设置、全国发送等领域。

航空运输业

航空运输,作为国际、国内边远地区间输送旅客的不可缺少的手段得到不断发展。虽然日本早在 20 世纪 20 年代就开始了航空运输事业,但第二次大战后,日本一度被禁止飞机的航行。恢复独立后,国有特殊公司的日本航空开始了国内线和国际线的航运,而民间企业全日空等也开始了国内线航运。日本的航空政策,虽然最初带有以代表国家的日本航空为中心的对航空公司进行保护的浓厚色彩,但是进入 80 年代后,各国实行了一系列的航空自由化政策,这促使日本也相应采取了缓和对航空运输限制的措施。全日空加入国际线得到认可,日本航空也推行了民营化。新公司的加入使国内线的竞争变得活跃,但 2002 年日本航空和 JAS(Japen Air System)实现了在控股公司下的统一管理,目标是同行业重组,2006 年实行合并。

国内线随着新干线网络的充实,其竞争环境日益严峻,出现了经营亏损的公司。国际线也由于燃油价格上升和飞机恐怖事件的影响等,经营核算降低。为此,各国的主要航空公司组成同盟实行共同航行,相互间展开了争夺顾客的竞争。

货物的空运，开始于在输送旅客的同时利用客机的货舱空间搭载货物。60年代出现了波音74型客机(超巨型喷气式飞机)，70年代出现了货物专用机。而且，伴随企业的国际化，国际货物的输送增加，货物输送量也因此增加。

货物空运，从整个货物输送量来看非常之少，但在金额基准方面占有很大的比率。这主要是IC卡、电脑部件等分量轻价格高的产品或高价格新鲜食品等航空运输频繁的结果。

货物空运的优势在于快速，而缺点是费用高。然而，由于航空业出现竞争和航空网络的发达，运费和往常相比在大幅度下降，货物空运呈增加倾向。另外，还有专门办理航空货物的公司，许多货物专用客机也在空中展翅高飞。

通信业

很早以前，信息的传达就非常重要，人们已经通过某些方法开始进行通信。比如，利用狼烟等视觉传达方式或大鼓等听觉传达方法传达信息。然而就能够传达的信息量而言，发送文书的邮政最为出色。为此，各国在古时代就发展起各种各样的邮政制度。随着近代技术的发达，通信方法也发生了巨大变化，首先增添了电信和电话等通信手段，而现在利用因特网通信变得日益重要。

邮政

早在8世纪初，日本模仿的中国唐朝的通信制度*，据说就是日本邮政的开端。在江户时代，配备了具有全国性通信网络的“飞脚便”(江户时代从事递信业务的组织)，用于公私信息的传达。

* 通过大宝律令配备了远距离接力传送制度(驿站传递制度)，规定每30里设驿站，每到一站换马续行向目的地传送信息，这一制度只用于公事。

到了明治维新，维新政府再次认识到配备通信制度的重要性，于1871年公布了邮政创业公告，并开始了日常的邮政业务和设置邮箱。

实行使用邮票,发送邮件到各户等包括许多现在还有的业务内容的邮政制度。1873 年开始禁止民间企业加入邮政领域,规定邮政为国家的专管事业,并实施了全国均一收费制度。1877 年,加盟万国邮政联合,开始了国际邮政业务。从此以后,随着日本经济的增长邮件办理量也在不断增多。

长期以来由国家运营的邮政制度,于 2003 年重编为日本邮政公社,2007 年在日本邮政股份公司控管之下,将进一步实行邮政事业股份制的民营化。

电信·电话

电信始于 1873 年摩尔斯(S. F. B Morse)发明的摩尔斯电码,作为电信事业的开端,最初于 1845 年开设了美国的纽约—巴尔的摩(Baltimore)间的电信线路。在日本,于 1870 年东京—横滨间开始了公用电报服务。国际电信线路也铺设起来,作为重要而且需要紧急传送的信息通信手段,电信占有主导地位。

电话,于 1876 年由贝尔(G. Bell)发明,第二年日本也试验性地设置了电话。1890 年,东京—横滨间开始了公用电话业务。从国家安全保障的观点出发,电信电话由国家经营管理成为国营事业。

1949 年电信电话从邮电省移交给电气通信省管辖,1952 年又由特殊法人的日本电信电话公社接管其事业。1953 年,负责海外通信的部门分离独立,成立了国际电信电话股份公司(KDD)。以后,在对通信产业限制缓和的世界潮流中,1985 年成立了日本电信电话股份公司(NTT),电气通信事业实行了民营化。同时,允许新企业进入通信业领域,结束了国内电气通信的垄断体制。而且,之后对 NTT 的巨大市场占有率的批评仍有增无减,1999 年在其压力下又实现了 NTT 的再次重组。

随着电话的普及,加上电传(Teleprinter Exchange)和传真通信等通信工具的发明,电报的利用不断减少,而且其用途从紧急联络转变到礼仪上的敬吊电报。

20 世纪 90 年代开始电气通信业又出现了新的局面,即由一家一台固定电话的普及急速转变到一人一台手提电话的时代。具有移动通信手段的便利性强的手提电话，随着与因特网连接技术的开发，出现了从未有过的多目的通信手段，为此其需求爆发性地增长。电气通信的关联企业也随之进行了国际性的重新组合。

日本电气通信业的历史和现状，在第四章案例学习的NTT事例中将详细提及。

信息产业

信息产业是指信息的收集、加工、处理、存贮、提供等业务的通称，包括大众传播或因特网关联产业等。

通过新闻、杂志、广播、电视等媒体传送信息的服务*，今天仍然存在着巨大的影响力。但是，从20世纪90年代开始新媒体因特网日益受到人们的关注和利用，因特网的出现使以往的信息服务状况正发生着巨大的变化。

* 日本的宣传工具有以下几个特征。首先，报纸的购阅率非常之高，日本成为世界屈指可数的报业市场。全国性日报的大新闻社，发展到发行量超过1,000万份的规模。

广播、电视的播放方面，日本播放协会NHK为公共播放机关，拥有收视费的强制征收权。民间播放企业利用同系统公司的网络向全国播放节目，但具备制作能力的企业并不多。

出现像这样的宣传报道大企业集中的同时，针对关心地方或个人的信息传播的广播电视台也在不断涌现。

因特网关联产业

作为信息的记录、分析机器而发展起来的电脑，从与电气通信网络结合成为信息传递的终端装置开始，就标志着被称之为IT革命的信息产业大变革的开端。硬件开发的同时软件开发也迅速发展，从而使因特网具备了巨大的信息传送能力。

随着因特网的发展，新型的信息关联事业也在不断涌现。因特网服务连接业(ISP接入服务)，是一边提供因特网连接业务，一边附带提供电子邮件帐户、网页使用的空间、代办获取独自网域名称(Domain Name,域名)手续的事业。

为方便存取因特网上的信息,网站(Portal Sites)运营企业提供信息搜索、信息分类一览表、新闻、在线辞典、在线购物市场、拍买等服务。

网站运营企业不是从使用者那里征收使用费,而是依靠在主页登载广告的收入作为企业收益。因此,充实利用者所需求的内容会促进利用者的增加,谋求达到增加广告收益的目的。这是网站运营企业的经营模式。

现在,越来越重要的是提供因特网利用者所渴望的内容,即信息内容生产事业。新闻、资料数据外存储器、作品、文献、文件的内容、音乐、画像、影像、动画等各式各样的信息的收费或免费提供的产业,预计今后会进一步扩展。

因特网关联产业和宣传媒介(报刊、电视、广播)等信息产业融为一体的现象正在不断深入。可以预测,利用因特网特点的信息传递的双向性,在不久的将来世界信息产业将发生巨大变化。

13、中小企业的经营

日本的中小企业都活跃于哪一些领域?

大企业和中小企业

企业按其规模不同可分为大企业、中小企业和零星企业等。日本的中小企业基本法对各行业的中小企业规模做了规定*。

*制造业,资本金在3亿日元以下,员工在300人以下;批发业,资本金在1亿日元以下,员工在100人以下;零售业,资本金在5千万日元以下,员工50人以下;服务业,资本金在5千万日元以下,员工在100人以下的企业被规定为中小企业。

另外,制造业员工在20人以下的,商业、服务业员工在5人以下的企业被称为小规模企业。

日本的企业2001年有6,283,116家,其中99.8%是中小企业,所有企业员工总数为58,033,153人,其中有88.4%受雇于中小企业。这一点从行业来看如表1所示,在所有的行业中,中小企业所占的比例都很大。

表1 中小企业的数量及比例

行业种类	企业数量		从业人员数量	
	中小企业(1,000家)	占所有企业的比例	中小企业(万人)	占所有企业的比例
制造业	647	99.4%	828	74.4%
建筑业	607	99.9%	479	96.8%
批发业	400	99.2%	358	83.0%
零售业	1,387	98.8%	710	78.9%
餐饮业	791	99.5%	402	93.5%
服务业	1,777	97.3%	1,063	60.3%
合计	6,273	99.8%	5,128	88.4%

注:2001年数值。合计中包括除此之外的其他产业。

从销售额来看,1998年制造业中中小企业的销售额占了34.1%。另外,2004年日本的出口额中,被认定为大企业的产品占44.5%,中小企业产品占14.5%,而其余的41%中也包含中小企业参与的产品,因此在支撑着日本经济出口的产业中,中小企业所占的比例也很大。

中小企业的事业领域

在资本主义初期,企业的规模都比较小,能称得上大企业的,只有在矿山和金属精炼等部分行业中才会出现。后来随着矿工业的发展,以重化学工业领域为中心出现了一些大企业,进一步拉大了与中小企业之间的差距。

根据企业产业领域不同,有的企业可能会需要巨额资金才能运营。如果矿脉在地下很深的位置,矿山业如果没有大规模资本无法经营。将炼铁和炼钢都囊括在内的钢铁行业也需要巨额资本。这样的产业是大企业的产业领域,中小企业是无法介入的。

而与此不同,经营生鲜食品的零售业、家常菜食品的制造业、餐饮店、美发美容院等领域却是中小企业或者零散企业活动的舞台。

如上所述，大企业和中小企业之间有明确分工且处于一种共同生存状态，也有很多行业领域是大小企业互相竞争*、通过分享市场谋求共存**，结成某种连带关系而共存***的状态。

* 在一般消费品方面，大企业和中小企业竞争的领域比较明显。有的商品靠大批量生产在价格上能够取得优势，而有的商品则是根据个人嗜好或流行而被选择，在这方面中小企业也有足够的竞争力。同样，在非大批量生产产品，如在制作机器、产业机器当中，不是批量生产而是订制产品的行业，或金属模具铸造、金属零部件加工等需要细微加工技术的领域，所谓的工匠手艺受到重视，中小企业能够发挥其优势。

** 在钢铁业等金属工业中，金属材料的制造市场划归大企业，金属加工则归中小企业。在铸造轧钢等领域，中小企业也非常活跃。这种上游（材料）归大企业，下游（加工）归中小企业的市场划分现象在纺织品、塑料制品等领域也存在。

*** 在造船业、建筑业中，大企业将建造、建设作业细分，将各部分工作委托给下面承受转包的中小企业完成产品。有时承包企业再进一步将部分工作委托给下一级承包公司。这样就形成了多层次的承包结构。

在电气机械、汽车等组装产业中，采取从承受转包的中小企业调配零部件的方式比较多。零部件产业再进一步将业务承包给2级、3级相关零件制造企业的情况也很常见。

承包企业一般都有固定的交易对象，其中有的也会成为大企业系统内的企业。而另一方面，也有与几家大企业合作的独立性比较强的中小企业。

就这样，很多中小企业在与大企业分工合作中谋求自己的事业领域。

中小企业问题与中小企业政策

中小企业担负着支撑经济最基础部分的重任，在经营上却常会面临一些与大企业不同的问题。对于中小企业面临的一些单靠企业自身力量难以解决的问题，政府采取一些针对中小企业的政策来扶持他们。

在日本，二战后作为双重结构的日本经济结构问题，中小企业问题被提上了日程*。

* 20世纪50年代后期，大企业和小企业之间的劳动生产率、工资水平等方面存在着差距过大的问题。大企业引进先进技术实现了较高的劳动生产率，而中小企业仍然使用传统的生产技术，依靠较低的工资来维持经营，这种双重结构被认为是日本经济落后一面的特征。可是，在一直持续到70年代左右的经济高速增长期间，劳动力从过剩转变为不足，这种差距开始逐渐缩小，双重结构论也随之消失。

现代中小企业问题主要包括如何应对现有企业在经营上所存在的问题和如何培养、扶植新兴企业这两个问题。

一直以来，中小企业资金调动能力较小，在技术开发、设备更新、开拓销售途径等方面存在问题较多。一旦与母公司建立承包关系，有时候被其强迫在不利的条件下进行合作。从劳动者的角度来讲存在着劳动时间长，工资水平低的问题。

日本于1963年制定了中小企业基本法，促使中小企业的现代化、高度化*、稳定化的相关政策也得到了系统化。经营的稳定化在金融方面**和纠正事业活动***的不利因素这两方面进行。

* 为促进中小企业的现代化，主要开展了对企业引进现代化设备给与资金方面的援助，请专家调查企业经营是否健全或指导其改革，通过事业合作社等来促进共同事业的发展，整顿商业街、促使店铺共同化，振兴地区产业等活动。

** 在中小企业金融方面，主要在特殊金融机构的融资和加强一般金融机构融资等方面实施了一定措施。由政府全额出资的中小企业金融公库（1953年）和国民生活金融公库（由1949年设立的国民金融公库和1967年设立的环境卫生金融公库于1999年合并而成），以及由半公半民出资的工商合作社中央金库（1936年设置）是专门面向中小工商业融资的专业金融机构（前两个金融公库预定于2008年合并）。

为使以信用金库、信用合作社为首的民间金融机构能够顺利地进入中小企业金融领域，需要信用增补制度。现有基于小企业信用保险法（1950年）为代表的信用保险制度（以前由中小企业信用保险公库和它的后身中小企业综合事业团负责该项业务，从2004年起由中小企业金融公库负责此业务）和信用保证协会法（1953年），以及全国52个信用保证协会推出的信用保证制度。

＊＊＊ 为了修正事业活动的不利之处采取了一系列措施，如：①根据分包中小企业振兴法（1970年公布）而设立的，都道府县分包企业振兴协会和全国分包企业振兴协会等实施分包交易协调工作；②根据承包费滞纳等防止法（1956年）、建筑业法（1972年改正）和作为普通法的垄断禁止法的承包交易公正化措施；③根据在官厅公共需求方面确保中小企业承包的相关法律（1966年）、为确保中小企业的事业活动机会而对大企业的事业活动进行调整的相关法律（1977年的所谓领域调整法）而采取的调整措施。

把中小企业视为经济上的弱势者，应对之加以保护，从这个观点出发的政策持续了很长一段时间。但进入90年代后，对中小企业的看法有所改变。在被称为IT革命的技术革新的大潮中，向新的经济机遇挑战的企业家们竞相创立风险企业（Venture Business）。如美国经济的活力正是由风险企业所带来的那样，开创新时代的产业，首先是从中小企业出发。

日本在不断持续的平成经济萧条中，也开始支持中小企业创业，重视制定一系列能使日本经济再一次迸发出新活力的新政策。先后制定了促进中小企业创造性事业活动的相关临时措施法（1995年）、新企业开创促进法（1998年），并修改了中小企业基本法（1999年），设立了中小企业、风险企业综合支援中心等。之后，中小企业挑战支持法（2002年）、中小企业新事业活动促进法（2005年，已有的3部法律的统一）* 等在新观点下的一系列新事业扶植政策陆续出台。

＊ 以①创业支援②经营改革支援③新联合支持④技术革新支持⑤地方支持这五项为目标。新联合是指不同领域的中小企业把各自的资源（技术、人才、信用）集中到一起，携手合作进行新的企业活动，而大企业、大学、研究所等的合作也在意向之中。

除此之外，随着日本企业在国外的发展，中小企业在海外新建工厂的情况也有所增加，为他们提供在国外活动所需要的信息，培养日本品牌等支援工作也在实施中。

零星企业问题

在风险企业备受瞩目的同时,另一方面零散企业的衰退也非常明显。从业人员数量不满4人的企业在2004年为3,526,454所,从业人员7,594,123人。这与2001年相比,企业数量减少了7.3%,从业人员数减少了8.2%。

零星企业本来由家庭经营的家庭产业居多,由于继承人不足和劳动力不足而难以维持的情况较多。小资本即可开业的餐饮业和服务业中,新开业的企业虽然很多,可是倒闭的企业则更多。

特别是超市等大规模零售店陆续在城市郊区开店,而便利店开始实行24小时营业,其结果是使以往的车站前或市内的商店街陷入了被称为"百叶门大街"(因关闭,放下百叶门的店铺一个挨着一个)的衰退局面,成了社会问题。

本来对大规模零售店设置的限制一度放宽,可是从振兴地区的观点出发,再次受限制的动向正在出现。

14、公营企业的经营

在日本,公营企业发挥了怎样的作用?

公营企业

资本主义社会的企业大部分是私营企业,但同时也存在着公营企业。公营企业是指,由国家或地方自治体出资或参与经营的企业的总称,因出资或参与经营方式的不同有各种各样的经营形态。和国家有关系的公营企业有:国有国营企业、国有民营企业、民有国营企业。这些半官半民公私混合的企业出现在不同的历史阶段。

公营企业所进行的事业因其具有公共性强的特点,一般不适于以盈利为企业活动目的的民间企业。比如,人们所说的基础设施,港湾、道路、水路等交通设施事业、城市公共交通事业、上下水道事业、电力煤气事业、营造住宅用地事业等均属于公营企业的经营范围。这些事业具有地方性强的性质，一般多为地方自治体的公营企业承担。

国营企业的事业范围被视为是各个时代所必要的领域，而且一般来说，因涉及全体国民的利害关系，对这些事业投入国家财政资金被认为是正当的。如军需产业、通信产业、基干交通产业、诞生期的主要产业、规模庞大的开发事业等都是国营企业的经营对象。在金融关联事业方面，以特定的投融资为目的的特殊金融机构也以公营企业的经营形态设立。

金融关联的公营企业在第 3 章第 11 节的“金融业”中已涉及到，在这里，以国营企业中除金融相关领域外的国家、地方的专管企业为对象，可追溯到日本近代初期对其历史展开进行分析和探讨。

工业化初期的公营企业

明治政府一开始接管江户时代的幕府或藩地所有的矿山、金属工业、造船业等事业，作为国营事业进行经营。进而，为重新配备铁路、通信等基础设施，开始了官营铁路、邮政电信事业，为生产兵器又扩充了军工厂。还有，为引进近代工业技术、农业技术实行“殖产兴业”政策，还新设了许多模范工厂、农牧场的官营事业。另外，如货币铸造和纸币印刷，航标（灯塔）或国有林野关联等事业也由官方经营管理。

政府对官营事业的经营投入了巨款，但 19 世纪 70 年代末开始发生的通货膨胀使政府财政窘迫，为减轻负担实行官业转让，即实施了公营企业的民营化*。

*　矿山业（煤、金银、铜）、一般工业（棉纺织、缫丝、制铁、造船、水泥、玻璃、耐火砖、啤酒）、农场等，和民间企业存在竞争关系领域的官营事业全部转让民间。

转让出售实行投标制，转让价款的缴纳接受长期无利息分年付款方式。转让价格和投入资本金额相比显得格外廉价，而且，将长期分年付款转为一次性付款时，价格更低。

例如，岩崎弥太郎接受转让的长崎造船所，其价款为 45.9 万日元（无利息分 50 年付款）。但是，最终以 10% 年利息计算的 9.1 万日元的一次性付款方式接受了转让。长崎造船所，后来成为三菱财阀的核心企业。

接受了政府转让的许多企业人，后来以这些企业为起点成了近代日本的实业家。因此，可以说这次民营化是成功的。并且政府也因此能集中力量扩充军需工业、通信、交通等没有转让给民营的公营企业。

资本主义确立期的公营企业

日本资本主义于 1900 年虽然已确立，但这一时期公营企业的扩大还在进行。如，官营八幡制铁所的设立、铁道的国有化、香烟专卖事业等都是在这一时期实施的。

钢铁业受发达国家进口压力大，是难于以民间企业与其竞争的领域，而且从日俄战争的经验中日本又再次认识到钢铁业作为军需工业基础的重要性，为此，设立了官营企业的八幡制铁所（参照第四章第 3 节“新日本制铁”）

铁道业，作为官营铁道敷设了东海道线、中央线、信越线、北陆线等主干线，而其他线路则委托于民间企业。从日俄战争的经验中认识到铁路一体化运营对紧急军事运输的必要性，于是，于 1906 年对主要的民间线路采取了国有化政策*。

* 17 家民间铁道公司由国家收购，实行了主要干线的国有国营化。由官民共同铺设的朝鲜线路也实施了国有化，为此形成了贯穿本国和殖民地的国有铁道网。当时的收购价款是以国债交付形式支付的。

香烟产业起初由民间企业经营，但从 1898 年开始香烟原料烟叶成为国家的专卖品，1904 年香烟制造也成为国家的垄断事业。其目的是，通过专卖事业统一规定销售价格和制造价格，并使其差额利益归入到国家财政收入的国营化*。

* 盐也被列入专卖项目，指国家从盐制造商垄断购买，再转卖给盐销售商的流通专卖。当初为增加财政收入为目的专卖，而后逐渐转变成为作为生活必需品以全国统一价格供给为目的的公益专卖。

此外，还成立了特殊的伪南满州股份公司。这是为了确保外地势力范围国家参与投资的半官半民企业，诸如此类的还有以开发朝鲜为目的而设立的东洋拓殖股份公司，之后设立的还有，台湾拓殖等。

战争时期的公营企业

20 世纪初年代开始，从备战和继续战争的需要出发，实行了公营企业的重新组合和设置。

如，官营的八幡制铁所，为扩充其基础材料钢铁的生产能力，和民间企业合并重新组合成立了半官半民的日本制铁股份公司(参照第四章第 3 节)。而对同是基础产业的电力和海运，也实行了民有国营化。

电力事业，虽然也存在着由地方自治体经营的公营企业，但基本上属民间企业的范畴。电力事业通过激烈竞争之后形成了大企业的集中。出于战时统治的需要，又设立了对民间电力企业的发电、输电设备实行统一经营的特殊公司，日本发电股份公司和负责配电的地方配电会社*。

* 日本的发送电，是由民间企业的现有物品形式出资而设立，从出资方面看属于民间企业，但经营上是由政府统一管理的国营企业。

海运业是由民间企业一手发展起来的，但出于战时输送的需要，设立了船舶运营会这样的特殊法人，实行了海运的国家管理*。

* 由国家征用民间企业的船舶并出借给船舶运营会，船员的征用也由同会配属。民间企业代办同会的部分业务是船舶运行的实际业务办理者。这样，就成了只收取事务手续费和船舶使用费的企业。

此外，为了战时统治的顺利进行，设立了住宅、帝都高速交通、农地开发、产业设备、粮食、重要物资管理(之后的交易)等称之为经营财团的特殊法人，并分别列为国有国营。另外，为强化军需生产强行指定民间企业的工厂为军用工厂，实行了民有国营化。

战后的公营企业

战败后，以战时统制或殖民地、势力范围开发为目的而设立的公营企业实行了解体，余下的公营企业也重组为“三公社五现业”体制*。

* 日本国有铁道、日本电信电话、日本专卖 3 种公司和邮政、印刷、造币、国有林野、酒专卖 5 种产业。

为促进战后的复兴和支援经济增长，以公团*或特殊公司**的经营形态设立了新的公营企业。

*　日本住宅公团（而后的住宅、城市整备公团）、日本道路公团、水资源开发公团等，为住宅、高速公路、水坝建设而设立；在经济高度增长期间，设立了首都高速公路、阪神高速公路、日本铁道建设、地区振兴配备、农业用地配备、新东京国际机场、本州四国联络桥、石油等公团。

**　作为特殊公司设立了电源开发股份公司、日本国际电信电话股份公司（参照第四章第7节“NTT”）、日本航空股份公司等。

电源开发股份公司，在日本送发电被解体而成立了9家电力公司体制后不久，为开发大规模电源，由政府出资占总额的2/3建设了佐久间发电站（佐久间水坝）等，此外，政府还参与设立了日本原子能发电股份公司。

公营企业的民营化

公营企业为回应不同时代的要求发挥了巨大的作用，然而在20世纪80年代，从减轻财政负担和提高效率以及改革经济结构的观点来看，公营企业的民营化论日益高涨*。

*　80年代开始，世界上有规模地实行了政府的限制缓和或公营企业民营化政策。英国首相撒切尔夫人，美国总统里根实行了改变以往倾向于福利国家的政策，缩小政府开支和作用并开始重视采用有利于市场原理发挥作用的政策。这显示了资本主义从福利国家时代进入到新型的市场中心主义的时代。

在日本，按照1980年设置的临时行政调查会（首相的询问委员会）的答复，实行了3家公司的民营化*。

*　1985年专卖公司改为日本烟草产业股份公司、电信电话公司改为日本电信电话股份有限公司、1987年国有铁路实行分割民营化成立了JR7家公司（参照第三章第12节、第四章第7节“NTT”）。1987年日本航空股份有限公司也实行了民营化。

实行了民营化的企业，和一般的股份有限公司一样为提高收益而实施了一系列的经营合理化，但民营化初期其股份一般由国家持有，然后根据市场状况逐渐在一般证券市场出售。

90 年代的长期不景气时期，为摆脱经济萧条促进增长有必要实行结构改革的意见占主流。2001 年继任的小泉内阁把结构改革当做政治课题提出来，并对长期维持下来的国营邮政事业着手进行民营化改革。首先于 2003 年设立日本邮政事业股份有限公司，2007 年开始，对控股公司日本邮政股份有限公司隶属下的邮政事业股份有限公司实行民营化也成为定局。

一般来说，公营企业民营化的目的在于通过市场竞争来提高效率，改善服务质量等，因而在实施民营化的同时，一般允许同类新的民间企业加入，采取放宽限制的自由化措施。

对公营企业民营化的评价各式各样。从经营形态来说，公营企业存在着企业活动效率的评价标准不明确等问题。因此，转变为更能发挥市场原理作用的私营企业有其合理性。再者，公营企业同时存在着对经营者的监督机制弱且责任不明确的弊病。因此，改革为股份制实行严格的公司治理有着重大的意义。

但是，像国铁民营化废止不划算的线路、采取地方自治体和民间共同事业(第 3 部门)的体制改革。其结果，被认为同时存在有损消费者的便利程度和增加自治体负担等不利的因素。特别是关于邮政的民营化，担心会出现偏僻地区服务质量的下降。

公营企业的民营化是世界规模的经济改革潮流，民营化以收益为企业活动准则。这种改革，如果涉及到本来不适应于收益性的领域，发生负面作用的可能性很大。即使是市场经济，对于必要的限制公共性或公营企业的领域，也不应该轻易放宽限制或民营化。

第四章　案例学习

1、丰田汽车

丰田汽车竞争力的源泉何在？

2004 年度，丰田企业集团全球汽车销量达 740.8 万台，创下其销售史上最高纪录，确保了自 2003 年以来连续两年仅次于 GM（美国通用汽车公司）的世界第二。该年度业绩中（整个企业集团），其营业利润高达 1.67 万亿日元，雄居整个世界汽车产业的第一。此外，丰田汽车在海外也扩展到 27 个国家和地区、52 个生产基地（截止 2007 年）。丰田公司开发出领先世界的混合动力轿车，从而使其生产技术的水平也位居世界前茅。

丰田的发展轨迹

丰田汽车最早起步于“丰田自动织机制作所”于 1933 年创立的汽车部，1937 年 8 月，丰田汽车公司才从丰田自动织机公司内独立出来。当时，出于军事目的，为了促进汽车、特别是军用汽车国产化的发展，日本政府制订了旨在排斥正在日本进行轿车组装生产的美国福特和通用汽车公司的《汽车制造事业法》。依照该法律，丰田公司和日产公司、五十铃公司一起，被批准成为许可生产汽车的企业。在战时体制下，尽管轿车生产被迫中断，但实现了以卡车为主的生产技术的积累。

第二次世界大战结束后，在日本经济萧条的背景下，丰田公司于 1949 年陷入经营危机，它被迫实施分离销售公司（产销分离）和裁减人员等公司重组措施。1950 年，丰田公司又出现劳资争议事件。不过，丰田公司很快因朝鲜战争所形成的“战争特需”，经营状况开始好转。由于为朝鲜战争中的美国军队提供汽车修理服务，丰田才得以重新恢复和扩大了汽车生产。1954 年，丰田公司成立了新的企业工会，它提出“劳动者生活稳定与产业及企业发展就像车的两个轮子一样（互不可少）”的方针，从而彻底转向劳资协调路线。

此后，丰田公司没有走单纯依靠引进国外先进技术研发来发展的道路，而是通过促进自主技术来推进小型轿车生产。1955 年，丰田公司发售丰田宝贝“皇冠轿车”。继而，于 1957 年推出丰田宝贝“光冠轿车”。丰田公司又于 1961 年、1966 年相继推出大众车“国民车”和花冠轿车，掀起了大众汽车热潮，此时日本开始步入汽车时代。在生产方面，以 1959 年新建的元町工厂为开端，丰田公司相继创建了一批新工厂，并形成了轿车全系列生产线。1959 年底，丰田汽车的月产额为 1 万台，到 1963 年底，该数字跃升 3 倍达到月产 3 万台。为了迎接日本所实施的资本自由化的挑战，1969 年丰田公司以花冠轿车量产化为基轴，确立了年产 200 万台的生产方针。

1973 年爆发了第一次石油危机，这给包括丰田在内的汽车企业造成严重冲击。而且，该时期汽车废气公害、交通事故激增以及缺陷车等问题，都发展为十分严重的社会问题，汽车企业面临着严峻的挑战。1974 年 5 月，丰田公司的企业税后利润骤然降至上年度的 32%。为了渡过难关，丰田公司发出“举全公司之力增强企业经营体制”的号召，提出“要打造 80%开工率也要赢利的经营体制”的目标，在生产车间彻底推进合理化措施，进一步巩固和完善丰田生产方式，并加强废气排放控制措施。与 60 年代“量的扩大”不同，此时丰田公司更有意识地强调了“质的提高”。例如，为了提高生产弹性，就必须使生产小规模化、小批量化，相应地，也就必须缩短模具以及切削刀具的替换时间。于是，丰田公司将原本需一个小时的冲压程序，成功地缩短到 3 分钟。

70 年代后半期以后，出口海外的丰田汽车台数大幅增加，甚至超过半数的生产量都是为了出口。然而，占日本汽车出口绝大部分的对美出口很快引起了日美贸易摩擦的爆发，整个日本汽车产业界被迫实施了出口自主限制措施。为了应对这种形势，丰田公司采纳了全新的国际战略，它以美国为首，开始在海外构建起本地化生产体制。在其发展有些滞后的中国市场，丰田公司于2000年在天津创建合资企业，迅速强化该生产体制，很快将花冠、皇冠、混合动力的普利维斯等多个品牌都实施本地化生产。

丰田生产方式

丰田公司所以能够获得如此强大的国际竞争力，完全仰仗于其独创的、被称作“丰田生产方式”的生产方法。丰田生产方式的基本思想是“彻底排除一切浪费”。这里所谓的浪费是指“不能提高产品附加值的所有现象和结果”，它被具体定义为七种浪费，亦即：制造过多的浪费、窝工的浪费、搬运的浪费、加工时的浪费、库存的浪费、员工动作的浪费、制造次品的浪费等。

为了彻底消除浪费，丰田公司非常重视“目视管理”方式。丰田人认为，如果不能发现浪费现象（或没有认识到）的话，就根本无法消除浪费。而且，尽管依靠强化检查也确实能够确保产品质量，但那需要投入成本。在生产过程中发现残次品，通过追寻其原因而避免残次品再次发生，也就是说“将质量管理融于生产线之中”，这种生产模式才是丰田所追求的目标。

丰田生产方式是以准时化生产 JIT(Just In Time)和自动化生产等两大方式为支柱，逐步发展而来的。

JIT 方式。一般认为，该方式于1938年在举母工厂（现公司总厂）车间内被率先采纳。在组装线的各个生产工序中有着如此要求：操作所必需的零部件，要在必需的时间，供应必要的量。零部件的配送既不能过早，也不能过晚。换言之，就是要将各组装工序所需零部件库存压缩到最小、最适合量的状态，以此来调整全部操作的流水速度，这就是 JIT 方式的基本理念。

看板方式，是丰田公司为了实现 JIT 方式所开发的库存管理方法。在生产线上，组装操作一旦开始，就需要本工序到前一工序领取所需要的零部件，此时，其所需零部件数量的信息，就通过被称作“看板”的卡片（包括“领取看板”和“待加工看板”）传递给前一道工序。前一道工序则根据“看板”信息生产其所需数量，来补充后工序的库存。

丰田生产方式的另一大支柱是“自动化”*。所谓“自动化”是指，一般加工结束后，机械能够安全停止，但一旦发生质量或设备异常情况，运行中的机械也能够自动检测到异常情况而停止工作，由此就可以防止残次品的出现。在异常情况出现后，机械自动停止的同时，被称作“行灯”的异常显示板也被点亮起来，操作员从而可以尽早地解决问题。

* 所谓带人字旁的“自动化”一词是指，“有人字旁的自动机械”，亦即“赋予人类智慧的机械”之意。丰田公司创始人丰田佐吉曾发明了自动织机，该机械就安装了所谓“让机械能够自动判断好坏的装置”，即在生产过程中任何一根经线或纬线发生断裂之际，该机械都能自动停止作业。

实现“自动化”的作业机械在正常运转之际，根本无须操作人员在旁守候，而只要在发生异常情况机械停止作业之后，操作人员再跑过去检查就可以了。这样一来，每名操作人员就可以管理多台作业机械了。由此，企业的用工数量也能不断缩减，从而大大提高了生产效率。

“自动化”的思想基础是源流管理理念。当纱线断裂之际即被视为浪费开始之端，在浪费开始阶段操作人员就要停下生产线。这种将浪费现象排除在其源流阶段的管理理念，正是削减成本的关键所在。由此，也就必然要重视“用眼睛进行管理”了。

丰田生产方式一贯非常强调要用科学的态度进行管理。在生产中，若是出现用眼睛看不清楚的问题的时候，就要反复问“五个为什么”，进而彻底查明隐藏问题的真正原因。为了使“问题表面化”，丰田公司实施了依靠人的智慧来进行“改善”的措施。在此基础上，又进一步指出，问题发生之际也恰好是改善的好机会。结果，丰田生产方式不仅仅把“改善”作为目的，通过改善活动来培育具备改善能力的员工也成为其重要目标。

零部件供应体制

零部件供应体制，就是指零部件供应商与汽车厂商之间的企业关系。日本汽车产业的零部件供应体制有着如下特征：

(1)零部件制造上的高外制比率。所谓外制比率，是指外购零部件及原材料费用在制造成本中所占的比重。20世纪70年代以来，日本汽车产业的平均外制率高达70%以上，要远远高出美国汽车企业*。

* 与此相反，在机械设备方面日本企业却又保持着较高的内制率。在日本，汽车厂商甚至部分颇具实力的零部件供应企业，其所用模具、切削工具、专业机械以及机器人等设备，大部分都是公司自行设计、制造的。由于具有更适应自身需要的功能和尺寸，所以，比起外购设备而言，这不仅能够节省成本和空间，同时使用起来也更加方便，其改进和保养也变得简便易行。

(2)零部件供应商的多层次性。若按照交易需求而对零部件供应商进行分类的话，就包含了直接为汽车厂商提供零部件的一级供应商、为一级供应商供应零部件的二级供应商，如此类推的三、四级零部件供应商，它们共同组成了多层次的金字塔式供应结构(越是下层，企业数量也越多)。

(3)零部件产品设计的高外购率。与欧美国家相比，日本汽车产业的一级零部件供应商更具自主设计和开发能力。在日本，零部件供应商往往会根据汽车厂家所提出的规格以及基本设计要求，进行详细设计并试制和试验零部件产品，这被称作“承认图纸方式”。与此相反，美国则以“贷与图纸方式”为主，即供应商往往按照汽车厂家所提供的详细设计图纸生产制造零部件。

(4)长期交易关系。一般而言，日本的汽车企业与零部件供应商之间保持着长期稳定的交易关系。

在具备上述日本汽车产业零部件供应体制一般特征的基础上，丰田公司更重视如下两点。

(1)对零部件供应商进行技术指导并保持着密切的信息交流。自20世纪50年代以来，丰田公司就加强了对零部件企业的技术和经营指导，不断完善相互之间的日常信息交流体制。

(2)生产体制的密切合作。60年代后期以来，丰田公司有效地利用“看板方式”，促进与零部件供应商在生产程序上的紧密联动，大力推进凭借JIT方式所创建起来的柔性化同步生产。与此同时，又积极推广和普及丰田式质量管理，建立能够持续实施质量改善并不断降低成本的生产体制。

日本式零部件供应体制的优势

日本式零部件供应体制具有诸多优势。

首先，长期稳定的交易关系促成了企业间相互信赖的合作关系，交易企业之间通过信息共享，就能够对市场最新变化以及新技术出现等迅速采取应对措施。而且，由于能够准确评价交易方的生产能力，也就可以将交易风险控制在最低程度。

这种长期交易关系一旦形成，相关零部件的供应商也就被限制在少数范围内，这也使精细管理以及零部件供应商的培育成为可能*。

* 另一方面，零部件供应商也可以通过发挥其谈判能力，使提高零部件价格成为可能。因此，汽车企业往往在各类零部件上与多家供应商构建长期交易关系，以此来避免出现供应商垄断零部件价格的现象。这种通过少数零部件供应商之间进行有效竞争，也能够起到控制成本、促进技术进步的功效。

通过长期交易而构建起稳定的相互信赖关系之后，汽车企业在新车型研发初期就会让零部件供应商一起参加，通过这种共同作业来将零部件设计和开发也融入整个产品的研发。一旦发展到所谓的信息共享阶段的极限交易关系，零部件供应商便能在较早阶段完善生产体制，因而也能缩短新车从开发到上市销售的周期。这不仅有利于汽车厂商的销售竞争，同时也可以节省研发费用。

再者，近来，很多汽车厂商采纳了新的生产方式，即先将零部件归纳为一定程度的单位或单元形式，在完成这种单元式零部件的初级加工组装之后，再供应给总装线。在这种情形下，零部件供应商不仅要具体设计和制造零部件，同时还要进行零部件加工、单元零部件组装等工作，甚至要担负起质量管理的责任。为此，长期交易关系就越发重要了。

2、索尼

世界知名企业索尼是如何开拓自己的新领域的呢？

索尼是以电子学、游戏、电影、音乐、金融服务、因特网关联产业为活动领域的国际性的综合企业集团，品牌效力强劲，再加上早期导入了国际化经营战略，现今作为“世界的 SONY”为世界所共知。

索尼的历史

索尼创立于 1945 年 10 月，作为最初创业者之一的井深大等人在位于东京都中央区日本桥“白木屋”百货店的一间房子上挂上了“东京通信研究所”的招牌。当时，他们主要开发能接受短波广播的变频器（频率变换器）、修理战乱中被毁坏的收音机、制造真空管电压计等，由此使事业逐渐走上了轨道。

在此之后，在井深的好友盛田昭夫（创始人）的加盟下，1946 年 5 月成立了以研究制造电气通信设备以及测量设备为目的的东京通信工业股份有限公司（略称东通工，社长为原文化市部长的前田多门），注册资本金为 19 万日元。在公司创立之际，井深不追随其他公司或其他人的产品，坚信自己团队的智慧和技术，决心致力于新产品开发的理念明确地记载在创办公司的宗旨文件中。

井深当初创立公司时的精神，贯穿于从 1950 年日本首次开发销售的磁带录音机，到半导体收音机、随身听（携带式小型耳机立体声放声机）、犬型机器人（AIBO）等 SONY 独自的产品开发当中。直到现在，这些精神仍旧在传承，形成了通用于世界企业的根本精神。

但是当初，虽然磁带录音机开发出来了，但并没有想像的那样畅销，资金周转陷入困境，于是就想到了增加资本。当时东京艺术大学的学生大贺典雄（原会长），作为负责增加资本的代理人访问了公司。原本为增加资本而来的大贺，立刻被本来就感兴趣的磁带录音机所吸引，从一个音乐家的角度对产品提出了不少意见，并逐渐参与了产品开发。

这便是后来进入东通工成为会长的大贺，作为音乐家他在世界上也享有盛名。这样，世界知名的音乐家对产品提出意见，而东通工根据其要求改良了自己的技术，制造出高品质的产品。今天被“只要制造出好的产品就能卖出去”这种传统观念所左右的东通工，开始意识到“不能完全满足于制造良好的产品，市场以及消费者的呼声也同样不能忽视"的重要性。

世界认可的东通工

19 世纪 50 年代初期,井深访问了美国,主要是为了调查了解海外的情况。具体目的是调查磁带录音机在美国的使用情况,同时就贝尔研究所的研究人员于 1948 年所发明的半导体制造专利进行公开的商谈。回国之后的井深,在公司内部通过一番议论,决意签合同购买专利,但是高额的专利费用(25,000 美金,当时约 900 万日元)和通产省缺乏斟酌的意向给购买专利带来了困难。而经营层也感到不安,拥有这项专利的美国 Western Electric 公司能否愿意和在美国根本没有知名度的小公司合作。但是,对方对东通工的技术力量评价很高,并对签约表示了积极的态度,为此盛田亲自赴美交换了协议。

当时,一般认为半导体只能用在助听器等之类的东西上面。但是井深等人开始了半导体收音机的开发,并在 1955 年成功地开始发售。日本的大企业也在从事半导体的开发,而仅是一个小规模企业的东通工却成功地开发出了这类产品,在技术方面,东通工的确让人刮目相看。

SONY 的诞生

在半导体收音机的成品化前后,公司决定全部产品打上"SONY"的商标,这标志了世界上最有名的名牌产品之一的"SONY"的诞生。"SONY"这个名字,它是英文的"SOUND"音或者是从"SONIC"的词源—拉丁语"SONUS",以及和表示"小""小宝宝"意思的"SONNY" 相互搭配而创造的新词汇。它和"自己的公司虽然非常小,却是一个充满朝气的年轻人的集聚地"的意思是相通的。同时在品牌的变更上面,考虑到向世界市场进军时,东通工的日语发音对美国等外国人来说难发也是更名的原因所在。

盛田带着印有"SONY"标志的半导体收音机来到美国,通过商谈在那里签订了 10 万台的协议,但是对方却提出产品必须使用自己商标的条件。这是在美国对丝毫没有名气的 SONY 产品无法销售问题上做出的经营判断,应该说还是比较妥当的。但是,即使 10 万台这样的大单对东通工来说求之不得，最后盛田还是放弃了签约，坚持以"SONY"为品牌的产品销售理念。

在这次商谈中，当"SONY"被指责为"无名商品无法销售出去"时，"50年后见分晓"，盛田坚决地回应了对方。这是SONY走向世界成为世界名牌的预言。经营团队怀着对本公司产品的极大自信，从初期的海外拓展开始就考虑要创造走向世界的品牌战略。

在美国虽无知名度，但在国内还有一定名气的东京通信工业，开始向消费者推广"SONY"品牌并得到了认可。为此，把公司的名字和产品的商标统一在一起，于1958年1月正式更名为索尼股份有限公司。

正式步入世界

公司名和产品名通行于世界的索尼，在1960年2月设立了美国索尼有限公司，开始正式进入美国。成为索尼进入海外市场的基础的是，依靠自己的技术力量研发出并于1960年7月开始发售的世界第一台直视型晶体管电视机等产品。但是作为"世界的SONY"的这种说法的由来并不仅仅是因为早期在海外进行产品销售。1961年6月，索尼在美国发行了ADR(美国储蓄证券)筹措资金，这对日本企业来讲尚属首次。1970年9月，索尼又在纽约的证券交易所上市。接着于1972年8月，索尼在加利福尼亚州的圣地亚哥市建立了彩色电视机的组装工厂，正式开始了产品的海外生产。在当时，不少日本企业在海外进行产品销售，但是在生产以及资本投入方面走向世界的企业确实还极少，在这方面索尼可以说是先驱者。

之后，索尼开始在世界各国建立工厂。索尼进入中国市场，开始于1962年香港地区索尼有限责任公司的设立，1996年又设立了大陆的索尼公司。

新产品的开发

在电子学领域，索尼展开了新产品的开发。1960年世界最早的半导体电视机、1968年日本最早的单枪三束彩色显像管的彩色电视机、1975年的Beta规格的家庭用录像机"BetaMax"、1979年立体声耳机的“随身听”、1982 年世界首创的 CD 播放机、1989 年的小型录像照相一体机“Handycam”、1995 年的家庭用数字录像照相机“Digital Handycam”、1996 年的数字化 Stillcamera“Cybershot”1997 年的个人电脑“VAIO”、1999 年的娱乐机器狗“AIBO”、2003 年的世界第一台蓝环磁盘录音机(BlueLeiDiskRecorder)等等,很多成为大家热门话题的商品接连发售。

经营的多样化

以制造业(电子学)为中心持续扩大的索尼,20 世纪 60 年代开始在日本国内从事零售业和餐饮业等多元化的经营。进入 70 年代,通过和美国的保险公司合并,设立了索尼/普鲁丁耐尔生命保险股份公司,进入了保险行业。从 20 世纪 90 年代到 21 世纪初,又相继成立了索尼损失保险公司和索尼银行,从而明确了使用索尼品牌的金融业作为集团业务另一个中心的地位。

在日本国内,索尼很早就开始采用多元化的经营方式,而海外市场的拓展则以电子工业产品为中心。但是从 20 世纪 80 年代开始则改变了战略,即从至今为止对硬件的重视转变为对软件重视的发展战略。作为变化的象征,1988 年 1 月和 1989 年 11 月索尼相继收购了美国的 CBS 公司唱片部门(现在的索尼音乐娱乐公司)和美国哥伦比亚影像公司(现在的索尼影像公司),不论在以往的硬件方面,还是在软件方面索尼一跃成为引领世界的公司。

另外,1993 年 11 月,成立了索尼电子娱乐公司,向世界出售“Play Station”游戏机,从而确立了索尼在电子游戏行业的坚固地位。

这样,索尼以创业时的事业电子学为中心,在电子游戏、音乐、电影等软件、网络方面以及金融服务行业等领域开展了多元化经营,并充分发挥了索尼的品牌效应以开展业务。

创业者和索尼

索尼的创业者井深大和盛田昭夫,和本田宗一郎(本田技研工业)、松下幸之助(松下电器产业)等一样作为日本战后代表性的企业家闻名于世。索尼的两位创始人都是理工科出身，井深负责技术方面，盛田负责经营方面，就这样两人一起齐心协力，使企业发展壮大。在这里，成功的秘诀可以说是两个人之间的绝对信赖。盛田之后的继任者大贺典雄，如前所述，他是毕业于东京艺术大学的音乐家。进入索尼以后，他一边继续从事音乐家的活动，一边担任经营工作。

索尼成立于战后，和日本经济高度增长同步发展起来，而后成长为世界性企业。在索尼发展壮大的过程中，可以说两位创业者对其自身技术的绝对自信、自豪和丰富的国际意识以及继任经营者的敏锐的艺术感觉都发挥了很大作用。

另外，可以说很早就开始进军海外、推进企业本土化并且积极树立起SONY品牌的这一切努力都为现今世界的SONY奠定了基础。现在的索尼，虽说是日本企业，但在海外的营业额却占了相当大的比率。

以善于挑战新事物或独特事物而著称的索尼，创业的第一代（井深大、盛田昭夫、大贺典雄）在退出经营第一线后的一段岁月里，也曾被竞争力减弱的阴影所笼罩。2005年首次引入外国人担当CEO的人事制度。为树立索尼新形象，索尼正进行着全方位改革。

3、新日本制铁

日本钢铁业的核心企业是如何成长起来的？

钢铁产业在一个国家的产业中占有相当重要的地位。在钢铁产业中，特别是拥有制造铣铁部门即进行生铁和钢铁连贯生产的钢铁厂（又称高炉厂）需要巨额的设备投资，因此企业规模也相当大。到今天为止，日本的钢铁产业经过几次大规模合并，形成了现在的四家高炉制造厂。其中新日本制铁是日本最大的钢铁公司。日本的钢铁联合企业，其世界屈指可数的生产规模足以引以自豪。

国营八幡制铁所的投产和日本炼铁业的设立

新日本制铁起源于1901年开始投产的国营八幡制铁厂。自古以来，日本就以铁矿砂为原料独自进行炼铁炼钢。作为近代工业的炼铁技术，虽然也以民营的釜石制铁厂等为中心引进，但规模很小。随着近代产业化的推进，钢铁的需求不断扩大，进口也在持续增加。同时在帝国主义列强对峙的世界形势中，军事方面也需要确立国内的钢铁生产体制。因此，政府下决心动用财政资金，建设了国有国营的八幡制铁厂。在国营的大规模钢铁企业生产生铁、钢铁、钢材之后不久，民间也相继出现了一些新兴的钢铁企业。

日本的钢铁产业经过第一次世界大战期间和战后热潮期的量的扩大之后，又经历了长期的生产停滞，最终走向了同业界重组的结局。昭和经济危机下钢铁产业的经营恶化和满洲事变以后钢铁军事意义的增加，使钢铁企业合并的趋势日趋高涨。根据日本制铁股份公司法（1933年公布），1934 年国营八幡制铁厂和民间的 5 个钢铁公司（轮西制铁、釜石制铁、三菱制铁、富士制铁、九州制铁，之后东洋制铁、大阪制铁也参加了合并）合并，从此诞生了半官半民的日本制铁股份公司。而后，该公司实施了大规模的生产扩张计划，但终因侵华战争、太平洋战争的战火扩大和战局恶化而陷入了严重的原材料不足。1943 年生产达到最高峰，而后走向了减产的道路。

日本制铁的分割和八幡制铁・富士制铁的发起

第二次世界大战战败后，在联合国占领时代，GHQ（联合国军总司令部）实施解散财团、禁止垄断的政策。日本制铁也成为以排除因垄断而限制竞争为目的，所谓的“过度经济力集中排除法”的对象企业。这样，1950 年日本制铁被分割成八幡制铁、富士制铁、船舶部门（日铁轮船）、砖瓦制造部门（播摩耐火砖）4 家公司（每个公司都是纯民间企业）。

20 世纪 50 年代后期之后，在钢铁需求量急剧增长的背景下，八幡制铁、富士制铁和其他大型钢铁企业（如日本钢管、住友金属、神户制钢所、川崎制铁等）在设备更新、设备扩展、建设尖端的制铁工厂方面展开了激烈的竞争。

企业间竞争的激化和新日本制铁的设立

从20世纪50年代开始，日本的钢铁业进行了一系列技术革新。包括实现生产生铁高炉的大型化，相继引进了用于钢铁生产的纯氧上吹型转炉、连续薄板滚压装置(钢轧机)等设备。大型钢铁企业在迅速扩大其生产能力的同时，也推动了所谓"垄断品种的相互毁灭(如废料价钱出售等)"性的扩大市场占有率的激烈竞争。到了20世纪60年代中期之后，这种企业间的竞争愈演愈烈，大有过度之势。生产的急速扩大增加了供给方的压力，从而导致钢铁市场呈现低落趋势。另一方面，随着巨额资金的借入，利息的负担也在增大，从而使这些大型钢铁企业的财务状况明显恶化。同时这一时期，钢铁贸易摩擦的新问题也逐渐浮出水面*。

* 以对美国的出口为例，20世纪60年代后期，随着日本的钢铁出口量迅速扩大发生了贸易摩擦。为此，日本企业采取了出口配额限制，自我限制出口量。但是，美国钢铁业的排斥很强烈，之后进口价格下跌到所规定的下限值时，采取了禁止进口的触发价格制度(Trigger Price，最底价格)，或当作反倾销提出诉讼等等，日本企业经历了一系列的贸易摩擦。

在钢铁产业出现以上情况的1968年，八幡制铁和富士制铁为强化经营基础和加强国际竞争力这一共同目的，表明了合并的立场又重新组合在一起。对于这次组合，尽管一些有学识有经验的相关人士对垄断企业的出现和其弊端也纷纷发表了看法，但是垄断禁止法的执行机构——公正交易委员会有条件地承认了这两个公司的合并。1970年3月，新日本制铁公司成立。新日本制铁这样巨大企业的出现，意味着在设备投资、生产、销售方面有绝对领导地位企业的出现。实际上，新日本制铁设立以后，企业间协调的经营活动变得更加引人注目，过度竞争的状况大有改善。

* 1955年，具有7种(非垄断品种有9类)垄断品种(包括同一资本系统的企业在内，1个企业单独的市场占有率为30%以上，2—3个企业占总生产量60%以上市场占有率的品种)的日本钢铁业，到了

1965 年垄断品种减少到 3 种(非垄断品种为 13 种)。但是 1970 年,新日铁成立后,其垄断产品一跃增加到 13 种(非垄断品种为 3 种),直到 1975 年,在品种构成方面仍旧保持原状。

石油危机以后的新日本制铁

但是,新日本制铁的产生并没有使钢铁业的稳定长久持续下来。1971 年的尼克松事件和 1973 年开始的两次石油危机使日本钢铁业不得不面对国内外需求低迷和原材料价格暴涨的局面。这迫使大型钢铁企业努力推行一系列彻底的合理化政策,从而也收到了一定程度的成效。但是,日本产业的轴心也从钢铁、石油化学这些材料产业转移到了生产汽车、电机之类附加值更高的加工组装产业上来。自此,钢铁产业在日本产业中的地位出现了相对下降的趋势。

进一步促使这种倾向恶化的是,1985 年的广场协议和随之而来的日元迅速升值。大型钢铁公司实施了大胆的企业重组计划,与此同时,尝试向新材料、电子学、信息通信、生活服务等领域挺进,推行多元化经营*。

* 在 1985 年以后的 5 年间,5 家大型钢铁公司(新日本制铁、日本钢管、住友金属、神户制钢、川崎制铁)总共设立了 174 个分公司,但其中的 40%为服务性关联行业。可以说,这些大钢铁公司在推行与自身不同领域的事业拓展方面还未取得任何显著成果。

但是,这之后电炉技术的革新以及由此而出现的电炉生产厂家的飞跃发展,再加上一些钢铁发展中国家的赶追,进口钢材的增加等等都促使竞争进一步激化,大钢铁公司面临的经营环境变得越发严峻。各大钢铁厂家又开始向产品附加值高的生产转换、以及推行迎合使用者需求的多品种生产领域的开发,但是需求者一方却开始选择价格较便宜的钢材,最终这种努力并没有取得令人满意的成效。

21 世纪初的日本钢铁产业和新日本制铁

在所谓的泡沫经济崩溃和之后带来的经济长期萧条的条件下,在日本的钢铁业,同业界重组的动向也开始活跃起来。2003 年 4 月,日本钢管和川崎制铁合并，成立了JFE钢铁公司。另外，新日本制铁也在不断加强和住友金属、神户制钢所之间的合作关系，同时和海外钢铁公司的合作关系也得到进一步强化。

如今(2006年至今)，在由JFE钢铁公司合并所带来的影响以及以中国为中心的世界范围内的钢铁需求量增大这种背景下，日本钢铁产业一直处于一种活跃的景象中。但是，考虑到今后钢铁需求的动向和海外生产商供给能力增大的倾向，可以说前景还不是很明朗。

2004年度日本粗钢生产量为11,289万吨，其中，新日本制铁的生产量为3,279万吨。在联结决算中，销售额达33,893亿日元，经常利润共计3,714亿日元。

新日本制铁在日本经济中的定位

最后，从战后日本劳资关系史的角度，对新日本制铁(包括原八幡制铁、原富士制铁)的定位作如下简单的评价。

第一，值得指出的是，在钢铁产业中，新日本制铁以及原八幡制铁对日本的劳资关系产生了巨大的影响。近年来，这种影响力在逐渐变小。然而在日本每年春天很多企业一并协商加薪，也就是存在着所谓的“春斗”。大钢铁公司的“春斗”答复金额从20世纪50年代后逐渐成为“春斗”加薪的市价，大钢铁公司在“春斗”中的主导地位一直持续到20世纪80年代中期。而大钢铁公司的上调工资金额的决定，从某种程度上说是在新日铁和原八幡制铁劳资关系的强大影响下进行的。此外，以原八幡制铁为中心的大钢铁公司时常积极地采用具有前导性的人事劳务管理制度(按职务级别支付薪金制度、作业长制度、执行部门和管理部门制度等)，从而对日本企业人事劳务管理的历史产生了极大影响。

第二，作为日本企业的特色，可以马上联想到日本式经营的三大法宝(终身雇佣、年功序列制(论资排辈型薪金)、企业内工会)，包括新日本制铁在内的大钢铁公司更具备这方面的特征。例如，论资排辈型薪金的成立，离不开每年的定期加薪，大钢铁公司比其他产业更早地完善了这些加薪制度。另外，如前所述，在春斗中大钢铁公司的答复是没有追加答复的，也即是说“一次性答复”。而这样的“一次性答复”能平息春斗的原因，正是因为有以终身雇佣、论资排辈型薪金、企业内工会为背景的稳定的劳资关系的存在。这样的劳资关系能够强有力地推进日本钢铁产业合理化这一目标的基础。从这一侧面可以清楚看到，日本钢铁产业特别是大钢铁公司的战后历史，可以说是比较集中地反映了日本经济各个时期的状况和特色。

4、三菱东京 UFJ 银行

巨头银行是如何诞生的?

股份公司三菱东京 UFJ 银行(The Bank of Tokyo－Mitsubishi UFJ. Ltd.)是三菱 UFJ 财团*旗下日本极具代表性的城市银行。1996 年 4 月三菱、东京两银行合并设立的东京三菱银行和 2002 年 1 月三和、东海两银行合并设立的 UFJ 银行于 2006 年 1 月合并，更名为“三菱东京 UFJ 银行”。

* 三菱 UFJ 财团是综合了银行(三菱东京 UFJ 银行)、信托(三菱 UFJ 信托)、证券(三菱 UFJ 证券)等旗下产业，在日本屈指可数的综合金融集团。与三井住友金融集团、Mitsuho 金融集团一起被称作日本的银行集团巨头。

东京三菱银行

东京银行

东京银行的前身是 1880 年创业的特殊银行横滨正金银行。当时，日本的国外贸易一般都是通过外国商社进行的。其中的一个原因是与外国贸易相关的金融都是由在日本的外国银行所掌握。明治政府为了奖励日本的贸易商直接进行出口贸易，出资设立了外汇专业银行。

横滨正金银行在设立后不久开设了纽约办事处，第二年又派办事员常驻伦敦处理事务。为了通融作为出口汇票折扣等出口信贷所必需的资金，采取了从日本银行贷款的特别措施。总店设在横滨，东京支行设在日本银行的隔壁，两行的密切关系可见一斑。后来，东京银行把本部设在原来东京分行的所在地。

横滨正金银行向世界主要的大城市拓展自己的分行网络，有利地支援了日本企业的海外发展。与此同时也开设了政府资金对中国的贷款窗口。外币兑换的价格标准也由横滨正金银行操作。

日本战败后，横滨正金银行遭到关闭。在继承其原有资产的基础上，1946 年成立了作为普通银行的股份公司东京银行，第二年开始营业，并在 1949 年取得了外汇银行资格认可。1952 年在纽约、伦敦首次开设了海外分行。1954 年，依照外汇银行法，东京银行成为日本唯一的外汇专业银行，并获得了开设海外分行的优待措施，拥有可以筹措日元资金发行金融债券*的权利。

* 金融债券是指日本兴业银行、日本长期信用银行等被特别指定的金融机构发行的债券。

随着海外分行网络的扩展，东京银行通过新设或收购海外当地法人，使其海外事业取得了显著发展。一方面，国内分行的数目还少于海外分行，所以主要以城市银行的身份发展业务的东京银行，其国内的营业基础比较薄弱。

三菱银行

三菱银行的起源可以追溯到 1880 年创业的三菱汇兑店。经营海运业的岩崎弥太郎使面向货主所开展的货汇信贷业务独立。之后，邮政轮船三菱公司吸收了三菱汇兑店，同时负责第百十九国立银行的经营。1895 年三菱合资公司(1893 年创立)设立了银行部，接手第百十九国立银行的业务。

1919 年，银行部从三菱合资公司分离出来，创立了资本额为 5,000 万日元的股份公司三菱银行，并作为三菱财阀的机关银行得到了发展。在战争年代的 1943 年合并了第百银行(1898 年 8 月 15 日作为国立银行营业期满改为普通银行的股份司)。

战败后，三菱财阀解体，当时面对经济力量过度集中的排除政策所带来的企业分割危机，于 1948 年更名为千代田银行，和其他财阀银行一起避免了被分割的命运。1953 年，重新恢复三菱银行的名称，作为三菱集团的中坚力量承担起众多集团公司往来银行的作用。

1971 年在日本首次设置了在线 CD(现金支付机)。到 20 世纪 80

年代，展开以国际业务为主要营业范围的营销战略。1984 年收购了美国的加利福尼亚银行，第二年又设置了作为内外贸易一体化的综合交易室。同年作为日本的银行又首次发行了可兑换公司债券。

1988 年，加利福尼亚银行和加州三菱银行合并，旨在能够更好地提高企业效率和扩大海外业务，并在伦敦证券交易所成功上市。1989 年，设立了美洲总公司，向国内外展示了企业的国际化战略。同一年，公司的股票又在瑞士的证券交易所、巴黎证券交易所以及纽约证券交易所依次上市。

除此之外，还开始着手国内扩展的路线，1993 年接受日本信托银行的第三方分配增资使其成为自己的分公司，1994 年设立了作为证券分公司的三菱 Diamond 证券。

东京三菱银行的诞生

1990 年泡沫经济崩溃之后，日本银行因为不良债权而导致财务状况恶化，作为强化企业的手段，大银行之间的合并被提上了研究日程。特别是 1988 年达成的国际决算银行 BIS 的银行自我资本限制，即所谓的 BIS 规定，日本也将在 1993 年实行，从事经营国际业务银行的自我资本比率必须达到 8%以上。

这样一来，在被要求强化国际业务经营的财务基础的形势下，三菱银行和东京银行在 1995 年签订了合并协议书。1996 年 4 月，东京三菱银行正式挂牌营业。法律手续上的合并稍稍晚了些，1997 年，两行正式统一了在线系统。东京银行所持有的金融债券的发行权也随着合并而消失。

2001 年，三菱集团的三菱信托银行、日本信托银行、东京银行的分行东京信托银行，在金融控股公司三菱东京金融集团的控管下实现了经营的统一。

UFJ 银行

三和银行

三和银行诞生于 1933 年，由三十四、山口、鸿池三家银行合并而成，是以关西地区为经营基础的城市银行。继三井、三菱、住友、安田、第一之后成为六大银行之一的银行，之后和大和田银行等合并扩大了规模。

在经营上，三和银行推出了“百姓银行”这一招牌，以面向大众的小额金融业务为主线，致力于开拓消费者金融业并扩展了事业。与此同时，积极推行国际化，在早期便和中国构建了密切的业务往来关系。1960 年，将并设的信托业务转让给了东洋信托银行。

三和银行的股票 1973 年和 1987 年，分别在法兰克福证券交易所和伦敦巴黎两证券交易所上市。

东海银行

东海银行设立于 1941 年，由爱知、名古屋、伊藤三家银行合并而成，是以名古屋市为中心的东海地区为经营基础的城市银行。1955 年开始从事信托业务，成为信托和银行业务并设的城市银行。1962 年，本着政府的银行、信托分离的方针，将兼营的信托业务分离出去，与第一信托银行一起，新建了中央信托银行。这一期间又与冈崎银行等三家银行合并扩大了规模。

1963 年，在伦敦开设了最初的海外分行，1965 年又在纽约设立分行。1974 年设立了加州东海银行，由此正式开始了海外业务的拓展。

1989 年，东海银行的股票在伦敦等 5 家海外证券交易所上市。1995 年成立了东海国际证券公司和东海信托银行，自此开始了提供综合金融商品的业务。

UFJ 银行的诞生

1998 年，东海银行与将东京首都圈作为经营基础的朝日银行一起设置了战略合作探讨业务委员会，对将来的合并进行了商谈，并对 1999 年设立金融控股公司达成了协定。2000 年 3 月，以关西地区为经营基础的三和银行加入了正在实行双方所缔结协议的东海银行和朝日银行之列，利用控股公司，达成了统一经营的协议。

但是，同年 6 月，朝日银行对之前参加统一经营的协定决定暂缓考虑。由此，同年 7 月，由东海银行、三和银行、以及三和银行旗下的东洋信托银行三家达成了以控股公司的形式进行统一经营的决议。2001 年 4 月通过股份转移，设立 UFJ 控股公司，将各银行归入其旗下。2002 年

1 月，三和银行和东海银行合并，自此 UFJ 银行诞生。

三菱东京 UFJ 银行

东京三菱银行和 UFJ 银行的合并

2006 年 1 月 1 日，东京三菱银行和 UFJ 银行合并，成立了“三菱东京 UFJ 银行”。在这之前的 2005 年 10 月 1 日三菱东京金融集团和 UFJ 控股公司实现了经营统一，随着“三菱 UFJ 金融集团”成立的开始，其旗下的巨大银行也实现了企业间的合并。

新成立的金融集团在存款结余、贷款结余方面处于日本国内三大金融集团(其余两个为 MITSUHO 和三井住友)之首，并且超过了美国的城市集团和瑞士的 UBS 集团等。这标志着巨大金融集团的出现。其正式职员超过 34,000 人(联结计算总职员超过 61,000 人)，资本金将不到 1 兆日元(996,973 百万元)，业务纯盈利略高于 1 兆 3,000 亿日元，总资产约为 140 兆的巨大银行自此诞生。

大银行合并的理由

为什么近年来银行出现了合并统一、走向巨型化的现象呢?美国的实证研究表明:资产规模在 1 亿美元到 100 亿美元之间的银行经营效率最高。而近些年来的银行合并，其资产规模也屡次远远超过这个最佳范围。在日本也出现了银行资产规模和收益性之间的负关联关系正在增强的实证研究。如果这个研究成立的话，将说明大银行的合并会给庞大的经济体系带来不好的影响。

作为一种假设，银行的急速合并，会导致企业本身的维持费用暴涨。虽然收益能力下降，反而有望提高企业本身的稳定性。换言之，估计近年来银行的合并也存在导致“TOO BIG TO FAIL”(企业规模变大，而使之社会影响力也变得过大，从而政府也不能无视企业的破产问题)状态出现的企图。

最近的银行合并会给宏观经济、产业以及社会带来什么样的影响，关于这一点，必须通过一段时间验证才能做出判断。

5、三井物产

日本独特的综合商社开展了哪些业务？

三井商社是日本有代表性的综合商社，拥有最为古老的历史。它创立于1876年，随着日本第二次世界大战的战败，于1947年被GHQ强制解体，同年成立的第一物产经过大合并后最终成为现在的三井物产。如今三井物产已成为跨金属、机械、信息、化学产品、能源、生活产业、物流、金融等广泛领域，并在全世界设置据点进行商品的国内销售、进出口、海外贸易，甚至包括资源开发和新领域技术开发等各种事业，展开多样化经营的综合商社。

旧三井物产的历史

旧三井物产成立于日本刚开始走上近代化道路的1876年。江户时代以首屈一指的兑换商和绸缎商而繁荣起来的越后屋、三井兑换所在幕府时代末期到明治维新这一动乱时期，作为三井派系以金融业为中心进行了重组。1876年依据改正国立银行法创设了三井银行。这时，为挑战新时代的事业决定创建商社。为此，从即将解散的商社——先收公司物色了益田孝为社长，创立了与三井银行和三井派系没有直接关系的三井物产。三井物产从地租米的代理买卖生意中确保了收益，同时又通过出口官方经营的三池矿山的矿石，在上海、香港、新加坡等亚洲主要港口构建分店网络，建立起其作为贸易商社的基础。另外，为了出口日本大米，还在1877年在伦敦设置了代理店，两年后在伦敦成立了伦敦分店。

日本政府为了防止正币外流，着手开展国内棉纺业的近代化。为了响应这个方针，1882年由民间出资建立了大阪纺织。因为大阪纺织，三井物产伦敦分店引进了英国当时被称为最先进的布拉特公司的缪尔纺纱机（走锭纺纱机），又于1887年为钟纺等新设的棉纺公司引进了新开发出来的生产效率高、操作性能好的环式纺织机。三井物产也参与原料棉花的进口，首先是中国棉花，接着对印度棉也实施了一手承办经销合同向纺织公司提供廉价原料，又进一步从棉花生产地直接购买，使其价格更为便宜。另外，在向中国出口成品棉丝、棉布方面，三井物产也起到了决定性作用。1897年起日本转为棉丝出口国，紧接着又开始扩大棉布出口。通过棉布的出口发明了能够织制优质棉布的丰田式纺织机，并对纺织机生产事业进行投资和扶植。

在日本近代化蓬勃发展的过程中，熟悉贸易方面的实际业务、能收集必要市场信息和技术信息的商社还比较有限。三井物产通过培养上述领域的人才，利用一切机会，进行多种交易的综合商社的企业经营。

在第一次世界大战的热潮中不仅是三井物产，很多商社都成长起来，取得了很好的业绩。可是战争结束的1919年，三井物产的首脑预见到战后的反向恐慌，采取了严格选择经营商品、卖出手头商品的缩减方针。因此曾被看好将超越三井物产的铃木商店、以及生丝商社中最强的茂木商店在第二年的逆转性变化中都蒙受了致命的损失，而三井物产基本上安然无事。再有，在此之前手续费型商业一直是商社的经营方针。但是，重视对新产品、新事业的开发和援助等成为今后商社的主要动能，经营方针得以转变。特别是考虑到今后日本的产业应该大力发展化学工业和机械工业，便设立了东洋造丝公司(Toray)、三机工业、东洋奥梯斯电梯，又独自设置了造船部，并针对当时造船工业最新技术的柴油(发动)机(Diease Engine)，实行了巴美思达(Barmeister)和威英(Wein)的协作。

第二次世界大战战败后的1947年，作为财阀体系商社的三井物产与三菱商事接受GHQ的命令，被解散了。由于被认定为承担实行战争能力的重要组织，作为财阀解体的一环，商社被彻底解体。6,000多旧商社员工分别设立了零散的贸易公司，据称数量达223个。可是三井物产的开拓精神和作为商社人员所具备的广泛的知识和经验在这些分散的新公司里被延续下来。

三井物产的设立和成长

战后的日本贸易受到占领军的直接统治。由旧三井物产员工成立的第一物产在贸易限制下开始了商业活动，随着道奇路线(Dodge's line)对单一兑换率的设定，贸易活动重新正式开始。经过朝鲜战争特需热潮，日本媾和条约签订的1952年，国外进修生制度也得以恢复，以第一通商为首的旧三井物产派系商社也接连兼并了一些强有力的商社而发展壮大起来。1959年，三井物产的字号恢复。这个几乎与旧三井物产拥有相同业务规模的日本最大的综合商社又一次起航了。

在1955年开始的日本高速经济增长期间，日本凭借战后的新技术，通过实际发展重化学工业，树立了加工贸易立国的信念。三井物产本来就擅长从事油脂原料、棉花、羊毛、橡胶、锡、磷矿石等工业原料，以及谷物、砂糖等食品、饲料进口这一类市价商品和国际商品的交易。到了60年代后半期，日本作为出口工业的重化学工业得到了很大发展。这时，三井物产一边发挥其商社的经验，一边为应对大批量生产型的产业活动扩充新的功能。包括向制造业提供尖端技术信息和市场行情、为引进技术做中介桥梁等信息机能；将大量进口原料和由加工联合公司的形成所带来的大规模需求联系起来的市场创造型经营活动、将资金援助和先行投资等经营活动与金融功能联合起来的机能。三井物产还开展了一系列复杂而多样的业务活动，包括先行取得石油化工联合企业的场地为进口原油打下基础，向非铁金属矿山融资取得原料进口的长期合同，将国内商业权和进口贸易对接起来的业务；或向巴西出口肥料加工设备在当地经营肥料厂、在美国收购并直接经营稻米干燥贮藏加工厂，并利用自己公司的谷物专用船将小麦运输进口等。在向国外输出资本的同时，也与国内市场结合起来。这些业务活动一方面增强了日本制造业的国际竞争力，另一方面又使日本向出口设备、引进开发的道路发展。

1969年三井物产应三井派系企业的邀请成立了三井石油开发公司，1971年开始着手在伊朗开发石油，并进一步成立了石油化学联合企业IJPC(伊朗日本石油化学)，积极地参与到能源事业中来。就这样，三井物产统合信息能力、技术知识和资金能力，综合承担起从原材料到成品，即所谓“从上游到下游”的业务，构建起新的产业系统。

资源和能源的稳定供给

日本的能源需求80%依赖外国，而作为一个工业国家和文明国家，它的存续和发展很大程度依赖于能源的稳定供给。三井物产在石油和天然气的开发、生产、进口销售，甚至电力零售、新燃料开发等与能源相关联的领域广泛地开展了事业。

三井物产的液化石油天然气(LNG)事业1972年在阿布扎比，1989年在西澳州，1997年在卡塔尔，2000年在阿曼，进而2004年在西澳州取得了增产，并参与了很多大型的液化石油天然气开发项目。三井物产参与的液化石油天然气生产，年产达1200万吨(2004年)，成为世界顶级的液化石油天然气事业。在石油资源开发方面，主要在中东、东南亚、大洋洲投资原油生产事业，2004年取得了澳大利亚西北海上油田矿区权。还参与了库页岛原油和液化石油天然气开发项目，于1999年开始了原油生产。另一方面，在原油、石油制品的物流业务上，三井物产和其关联公司经手的石油占日本石油需求量的40%，每天200万桶。另外，在新型能源方面，与新日铁、日本风力开发一起在北九州开始了风力发电事业，还在提炼生物乙醇的精制程序开发、燃料电池开发等方面进行了投资。

在资源引进方面，日本是世界上少有的资源进口国，三井物产在全世界范围内开展了钢铁原料、非铁金属等资源开发。在原料炭方面从1960年代起就已经开始在澳大利亚开发进口，在铁矿石方面也一直对资源开发进行投资融资活动，2003年入股世界最大的铁矿石生产公司——巴西淡水河谷公司(CVRD)的母公司，BAREPEARL公司。由此三井物产所拥有的铁矿石出口权在全世界排到第4位，达3200万吨。在非铁金属方面，对智利的铜矿山开发公司(Compania Minera de Collahuasi SCM)、秘鲁的南秘鲁铜业公司(Southen Peru Copper Corp.)等进行了投资和融资。在铝金属材料方面在巴西、印度尼西亚等地参与经营冶炼厂。

机械与信息的综合编制

三井物产的机械本部将汽车、船舶、飞机、产业机器等作为主力产品进出口，并作为组织者开展各种商业活动。在日本的汽车产业方面不仅经办出口业务或在出口对象地进行销售，而且在国外投资建立装配合资企业，在当地建立起物流系统，开展经销商的业务、销售金融等，从多方面构筑起业务网络。另外还参与进口和销售 GM 车这样国外制造商的产品，并积极加入二手车拍卖业务等新的领域。在船舶贸易方面，一方面面向海运企业销售新造商船，船公司船舶的使用安排充当旧船买卖中介，向造船厂销售船用机器等。另一方面还与商船三井等合作伙伴联手向大石油企业提供浮体式石油及天然气生产、储藏、装运设备，共同持有液化天然气船等，参与多种多样的项目。在宇宙航空领域，三井物产除了作为空中客车的代理店进行飞机销售之外，还开展了飞机租赁金融业务、飞机发动机配备业务，甚至包括销售美国贝尔公司的直升飞机。而作为新的领域开发，还启动了利用空间和地图信息、三维立体显示技术等的新兴事业。在建筑机械设备和产业系统领域，也开展了销售矿山开发的机械设备、出口高精度机床及生产设备、控制设备等方面的业务，还与其他公司共同开发和销售气体排放达到环保标准的园艺设备等，聚集了日本的各种技术成果而从事着国际贸易。2000 年三井物产参与了对台湾新干线核心系统的出口，三井物产发挥其项目工程的工学技术能力和组织能力，引导日本制造商团成功地拿下了订单。

信息通信产业是近年来扩展比较显著的领域。三井物产从 1984 年加入该领域，向通信基础设施投资，构建系统，并向 IT 生产品提供电子配件材料。再利用从中积累的广泛的经验和知识开展咨询等附加值提案型的商业活动。在有关手机的系统开发、应用、多媒体产业（Content Business，包括多媒体素材产业、多媒体内容产业和多媒体内容服务产业）方面，在日本国内的激烈竞争中，三井物产在其擅长的领域发展，还扩大了对国外通信领域提供系统或服务的业务。电子产业方面，三井物产将制造基地转移到中国，从零件和制造装置的销售，到迎合市场需求提供附加值服务，广泛地开展了各种业务，并与上海广电集团有限公司合资销售该公司的产品。

食品等生活产业的开展

在食品方面日本也是个大的进口国。三井物产以进口小麦、大麦、大豆、玉米等谷物和与外国间的贸易为主，开展了罐头、冷冻食品、乳制品等加工食品的进口和外贸，还广泛地对日本国内零售企业展开综合性的零售支持。在谷物方面，与美国的CHS公司合资成立了联合收割机机械公司(United Harvest Corp.)，每年从美国西海岸出口小麦400万吨，实现了最高的小麦出口业绩。此外还在巴西拥有咖啡出口、煎焙公司——三井arimentosu公司，向全世界出口咖啡。零售支持事业建立了将商品和关联器材、原材料等贯穿起来的物流系统，并与关联公司三井食品一道着手构筑一个连接国内外生产者和消费者的高效率供应链的经营管理。三井物产不仅承担起伊藤洋华堂和7－II的中间物流业务，而且也加强了简易木工用品、生活日用品、电器等的大型杂货店(Home Center)，销售药品、健康食品、化妆品、日用杂货等的药店(Trugstore)，大型家电廉价店等多种形态的零售业的战略性联合。

除此之外，三井物产还积极参与了对集中最尖端技术精华的生物工程和纳米技术等的研究开发和投资等。在全球化的经济中，三井物产这样的综合商社进一步发挥其综合力量拓展了自身活跃的舞台。如此广泛地展开事业，使三井物产发展为在全世界75个国家拥有175个事业基地的巨型企业。2005年3月三井物产的连结决算，从业人员达3万8千余人，销售额达13兆6,150亿日元，当期的净利润达1,211亿日元。比前期增长77％，成为继三菱商事之后日本的第2大综合商社。

6、商船三井

世界最大的海运公司走过了怎样的发展路程？

商船三井是一家拥有集装箱船，装运汽车、煤炭、钢铁原料、木屑等的各种专用船，油轮以及液化天然气船等共计约680艘(2006年1月)，提供国际综合物流服务的综合海运企业。股份公司商船三井是大阪商船三井船舶于 1999 年 4 月和同样是综合海运企业的 NAVIX 合并而诞生的。合并时的船只总数为 515 艘，载重量为 34 万吨，是世界上最大的海运企业。

商船三井的历史

商船三井的创业，可以追溯到 1884 年在大阪成立的大阪商船，或者 1878 年开始进入海运业的三井物产。

大阪商船最初是作为定期船、以近海航路为中心进行航行的。日俄战争以后开始加入了北美塔科马（Tacoma）航线和孟买航线等远洋航线，成长为仅次于日本邮船的定期船公司。日本政府为辅助海运事业，于 1896 年出台航海奖励法，1909 年出台远洋航路辅助法等。商船三井在其政策扶助下，积极地为确立日本在国际贸易的商业范围而努力，同时使企业也得以发展。20 世纪 30 年代，太平洋航线的竞争非常激烈，开设纽约特快航线和为防止竞争激化而采取的邮商协调这两件事在大阪商船的经营活动中也较为醒目。当时在北美航线上运输的重要货物——日本出口的生丝，由于世界经济危机价格一落千丈。纽约特快航线的开设正是为了解决生丝降价而导致运费负担能力减弱的问题。大阪商船新造了 6 艘高速内燃机船投入纽约直达航线，并将之前属于北美 ABL（美国陆桥）公司的货物抢夺过来，使航线收支转为黑字。邮商协调是于 1930 年出现无分红经营为契机做出的协定，内容为大阪商船从塔科马航线退出，而日本邮船相应地从南美东海岸航线退出。对大阪商船来说，20 世纪 30 年代末纽约特快航线的开设和确立南美航线利益的垄断权意义非常重大，这使其有可能在全世界海运不景气的时候取得好的业绩。

三井物产为了向中国各港口运送三池煤炭购置了船舶，在出口船用炭中获得巨大收益的同时，还在上海、香港、新加坡等亚洲各地建立起分店网点，确立了向综合商社发展的经营基础。1903 年三井物产设置了船舶部，正式向海运业迈进。日俄战争后，作为日本的不定期船企业逐渐成长为出类拔萃的大规模海运企业。1920 年商船三井又进一步开设只出航北美的定期航线，从此为开端，将三井物产造船部建造的大型高速内燃机船投入航行。接连开设定期航路，成为日本海运业向远洋航线引进内燃机货船的先锋。

第二次世界大战使日本海运失去了一大半的外航船，战败后一切不得不从零开始。1949 年 GHQ 对禁止建造大型船解禁后，两家公司接受政府造船规划的融资开始着手重建船队。可是战时补偿的中止带来的损失，和建造船舶时的借款压迫着公司业绩。在从 1962 年开始的长期海运低迷中，所有海运企业的业绩都急剧恶化。1964 年，日本政府为重建海运事业采取汇集政策，按照每个海运企业必须达到 100 万吨载重量为标准促使海运公司合并。对满足该条件的公司承诺给予他们可以延迟偿还现有债务利息，补给今后的利息等优越政策。在这样的政策下，大阪商船和三井船舶合并而成的大阪商船三井船舶(以下简称商船三井)起航了。

综合海运企业的成长道路

在商船三井成立的 20 世纪 60 年代中期，在世界范围内开始了大规模的运输革新。其内容包括定期航线运输的集装箱化，日本以汽车专用船为首的专用船多样化，以及船型的大型化。由合并而诞生的日本外航海运 6 家公司早在合并之年就恢复了分红。在这样良好业绩的背景下，在集装箱化的过程中，商船三井以租借货位这种日本独特的共同运营方式来应付，逐渐成长为国际性的定期船企业。而且商船三井第一个从共同航运体制中独立出来。商船三井在汽车运输方面也非常积极，他们与汽车制造商签订长期的用船合同，开行汽车专用船，还与汽车制造商共同出资成立了汽车专用船航运公司。商船三井还积极地进行在酒精船、液化天然气船等能源运输上的革新。大阪商船和三井船舶过去各自拥有的积极的经营态度在商船三井中都得到了很好的继承和发挥，过去这两个公司所擅长的领域，在运输革新的时代中得以大大发展，并成功地强化了经营素质。

1971 年日元与美元的固定比例兑换停止之后的日元升值，给用美元结算运费的日本海运带来了极大的危机感。特别是石油危机后的通货膨胀导致日本的平均工资上涨了 30%以上，而且双休日制度也已经普及，再加上日元升值使日本船员失去了国际竞争力。为了应对这一情况，商船三井虽然将从1971年"海外便宜置籍船"的16艘增加为1992年的104艘，可是1984年实施的美国新海运法使海运同盟变得软弱无力，海运的国际竞争进一步激化，世界上很多海运企业被淘汰或者被迫重组。商船三井也一度无法分红，但1999年在集装箱航线上成功地实现黑字，又充实了以汽车专用船为首的各种专用船队，再加上液化天然气船、VLCC、甲醇船等能源运输和干容体运输(Drybulk)，使其成为世界上最大的海运商。

全球化对策和经营革新

20世纪末期，经济与企业的跨国发展极为迅速。东盟和中国作为生产基地在欧美以及日本不断扩大市场，世界经济伴随着巨大结构变化的同时也在不断扩大。受其影响海上货物运输的货运量也顺利增长，可是物流却是从亚洲向北美的单一方向增大，这种不均衡的变化也导致海运行情再一次全盘疲软。因此对于海运企业的经营来说，正确而迅速的经营决策就极为重要。美国的定期船企业从90年代末开始退出市场，有着悠久传统的英国海运业被卷入国际性的合并之中，日本的定期船企业也只剩下商船三井、日本邮船和川崎汽船3家，缩减了一半。

对于商船三井来说，90年代正是关系着生死存亡的变革时代。虽说在海运汇集体制下，有计划造船和利息补给、集装箱航线的共同配船，还有现代化船航行与船员制度等所谓的"护送船队行政"，可是1985年广场协议达成之后，迅猛的日元升值迫使各个海运企业不得不作出各自经营的决断。商船三井一面参加现代化船舶的航运，一方面将公司的船籍改为人力资源等较为便宜的国外船籍，实施紧急雇佣对策，将海上从业人员缩减一半。在泡沫经济中，离职船员的再就业比较顺利，可是却给接受这些离职人员的子公司在泡沫经济崩溃后的经营重建遗留下了难题。1993年日元骤然升值又使本已恶化的业绩雪上加霜，导致商船三井在当年无力分红。因此，商船三井首先从核心事业开始，特别是从改善定期航线部门的收益和重新评估其相关事业着手，构建团体经营，彻底削减成本，力图强化企业的营业能力。

在高层管理人员方面，1994 年生田正治就任总经理后，以董事级待遇请来了 APL 的原 CEO George Hayashi。在船舶法改正后的 1999 年，Hayash 被选为副总经理。完成了与 NAVIX 的合并，2000 年实施了大规模的经营改革，加强了公司的治理。董事会由包括 2 名公司外董事的 11 人组成，将董事人数缩减到原来的 1/3，实现了人员减化。与此同时设置了执行董事，委以广泛的权限，同时明确了业绩责任制。而最高经营决策则规定了由本公司内董事和必要的最低限度的执行董事所构成的经营会议来决定的体制。当时引进执行董事制度的日本企业有很多，商船三井则是在将领导阵容更换一新的同时采取了这项改革。生田任董事长，铃木邦夫任总经理，公司外董事由日本银行的福井俊彦和日本 IBM 的椎名武雄出任。福井于 2003 年被任命为日本银行总裁，生田也就任了日本邮政公社的总裁而辞去了董事的职位，从 2004 年开始形成了铃木董事长、芦田总经理的体制。

降低成本和以能源领域为中心的事业扩大策略非常奏效，1997 年商船三井取得了有史以来最大的经营收益并恢复了分红。之后又加上合并效果，经常利益有了大幅的改善。2000 年设置了 IR(investors relations)部门，在世界各地召开投资家说明会，作为其良好业绩的反映，2003 年度外国股东的比例达到 26%。

定期航线部门的重组和能源运输的强化

对于商船三井的经营来说压迫其业绩的原因在于定期航线，而且是其中货运量最大的北美航线造成的巨额赤字。为了建设复合一贯运输体制，商船三井实施了建设专用码头、运行专用列车和货车的双层装载化等，并针对集装箱运输的时间安排和管理投资 IT 业等，不断增加经费。而随着日元不断升值和运费水平降低，收益逐渐递减。到了 90 年代向北美运输的货物显著地转向亚洲，依赖日本、北美间航线的日本船不得不从根本上进行改革。1997 年，商船三井将执行控制权和市场管理移交海外当地法人，到 2000 年为止，将定期航线业务集中在 MOLEP(伦敦)、MOLAM(Concorde)、MOLASIA(香港)这 3 家代理店，形成了日本总代理店 MOL JAPAN 也放在 MOLASIA 管辖之下的世界3极体制。而公司本部的 Virtual Liner Company 统括全体定期航线。

在航线经营方面,通过与有实力的船公司共同经营实现成本合理化。1994年,与 Nedlloyd、APL 和 OOCL 合作组成了全球联盟(TGA),在共同利用船舶设施、相互交换集装箱、船舶的调配等方面加强了协调与合作。结果,1997年虽为最低点,但商船三井北美航线的赤字逐渐好转,1999年终于实现了黑字。可是之后海运大公司的合并收购活动也没有停止,Nedlloyd 和 OOCL 脱离了 TGA,商船三井和韩国的现代商船以及被新加坡 NOL 公司收购的 APL 一道建立了新的联盟 TNWA。2000年,成功修复了北美航线的运费问题,商船三井积极地投入大型集装箱船,船只的载货量到2002年增长了20%,无论从船只的载货量来看还是从平均船型来看都恢复了竞争力。

关于汽车专用船,由于与世界性汽车制造商的合作、集团化的进展,使成品车运输的需求分散到全世界,其需求量也在增加,因此利用汽车专用船运输的需求也增加了。商船三井在合并之后开始扩充汽车专用船队,截至2005年3月发展为73艘。2001年开始了连接南非、欧洲、南北美的环大西洋定期服务,每月两趟,成品车的三国间运输成为世界上最大规模的定期服务。

在能源运输方面,商船三井从80年代就开始积极地采取各种举措。从1983年开始有3～6家日本船公司利用共同的液化天然气船加入了将印度尼西亚的石油天然气向日本运输的业务。商船三井也逐渐增加航运船只的载货量,通过与 NAVIX 合并进一步提高其市场占有率。除此之外商船三井还与比利时的 Exmar 公司、挪威的 Leif Hoegh 公司等合营液化天然气船,参与策划向欧洲、美国运输液化天然气。另外日本的能源企业在转换为 FOB 进口时,商船三井被委托进行能源企业船只的运行,而商船三井则将新造的液化天然气船用于定期出租等,引进了新的契约形式。就这样,2005年3月商船三井参与运营的液化天然气船达63艘,其中负责掌管航行管理的船只有31艘。商船三井成为拥有全世界29%最大的液化天然气船队的船公司。

VLCC 通过合并成为拥有30艘船、载货量750万吨的世界上最大的海运公司。根据1992年国际海事机构(IMO)实施的对原油油船双重结构化义务的规定条约,商船三井一方面将旧的油轮迅速处理掉,一方面推进双重结构船的建造,2005年3月VLCC拥有28艘双重结构船,双重结构率大约达到70%。在甲醇船方面,商船三井很早就开始建造特殊油轮以从事该项运输,在合并时已经是该项运输的世界最大的海运公司。包括甲醇在内的化学产品运输船,截至2005年3月末有54艘,居世界市场占有率首位。油轮共计90艘,1234.3千dwt,居世界第2位,其双重结构率高达80%。

在定期船经营方面,商船三井在彻底的全球化体制下成功地恢复了业绩,汽车专用船也取得了稳定收益,能源运输在国际竞争中取得了市场占有率的首席地位。商船三井积极的经营战略取得了踏踏实实的成果,2004年的营业收入、经常利益超过了至今为止居日本第一位的日本邮船,业绩在顺利提高。

7、NTT

国营企业向民间股份有限公司的转换是怎样进行的?

NTT的正式名称为,日本电信电话股份有限公司,是通过日本电信电话公社的民营化而诞生的。从公司名称可以推测出电信(电报等)和电话是其主力业务。但是,现在的电信关联业务不断减少,而电话以及利用电话线路的信息通信转为主力。

电信电话事业的诞生

日本电信电话业务的诞生,可追溯到1870年东京—横滨的公共电报的开业。以后,着手建设连接全国的公共电信网,并且和海外之间的互相通讯也成为可能。而电话是在贝尔(G. Bell)发明电话第2年的1877年试验性地设置的。电话的设置起初为政府机关所用,从1889年开始,东京—热海间开设了公共电话业务试验,1990年又开始了东京、横滨的电话业务。电信电话事业,基于涉及到国家安全保障的重要领域的想法,长期以来在邮电省主管下以国营企业的形式进行运营,1949

年由电气通信省接管。

日本电信电话公社

1952年8月依据日本电信电话公社法设立了日本电信电话公社，并从电气通信省继承其事业。第二年的1953年，办理海外通信业务的部门分离独立，成立国际电信电话股份有限公司(KDD)。国营事业，在提高工作效率方面存在着不够努力的倾向，这自然使国家预算的负担加大。为此，需要改组为以独立核算为原则的公共事业体和特殊法人的经营体制。

日本电信电话公社是政府100%出资的公共企业体，其使命是充实通信网的基础设施等社会资本。虽规定了向全国一律提供服务的义务，但因采取独立核算制设置电话时规定必须购买公社发行的电信电话债券等，这加大了利用者的负担。通过6次电信电话扩充五年计划增加了电话线路数，并且，致力于通信技术的自主开发并达到了世界最先进水平。1979年开始提倡下一代通信基础设施的高度信息通信系统INS构思，并着手构筑。

电信电话业务，原来没有允许其他企业参与，是垄断行业。因没有竞争对手，在改善服务质量或减少费用等方面，企业努力不够，高费用体制等经营上的问题经常受到指责。

在世界性的放宽限制的潮流中，美国强烈要求改革日本市场的封闭性，而且，日本国内的电气通信事业改革论也日益高涨。依据第2临时行政调查会的意见书(1982年)，确定了民营化的方向，引进市场原理和加入新企业得到了认可。

日本电信电话股份有限公司

为了对日本电信电话公社进行改革，1984年制定了日本电信电话股份有限公司法、电气通信事业法等关联法案。1985年4月设立日本电信电话股份有限公司(NTT)，结束了电气通信事业的官方垄断，进行了民营化。但是，虽然电气通信事业实现了民营化，但NTT并没有成为纯粹的民间企业，而是依据于特别立法设立的企业。一方面，电气通信业开始允许新企业的加入，1985 年 6 月第三电电规划股份有限公司、日本 TELCOM、日本高速通信股份有限公司开业。至此，结束了 NTT 国内通信的垄断体制。但相对于巨人 NTT，新加入企业规模小，NTT 支配市场的现象仍在持续。

NTT 的股份于 1987 年在东京证券交易所首次上市，同一般的股份一样进行交易。另外，先后成立了 NTT 数据通信股份有限公司（后改称 NTT 数据），NTT 移动通信网股份有限公司（后改称 NTT docomo）等的关联公司。

从决定电气通信事业的民营化开始，NTT 每隔 5 年进行一次经营体制的重新评估。最初的第 5 年没有实行改革，第 10 年的 1995 年掀起了改革的讨论，1996 年决定了对 NTT 分割重组的方针。

1999 年进行的 NTT 再次改组的内容为，纯粹控股公司的新 NTT 隶属下设有经事业分割而新成立的东西地区电话公司的东日本电信电话股份有限公司（NTT 东日本）、西日本电信电话股份有限公司（NTT 西日本）和民间企业的长途通信公司的 NTTcommunications 股份有限公司。并允许 NTTcommunications 股份有限公司参与国际通信业务。在纯粹控股公司隶属下的以上 3 公司外，还有已经开业并担当移动通信的股份有限公司 NTT docomo，数据通信股份有限公司 NTT 数据等关联企业。

变化中的通信界

NTT 控股公司下设有从固定电话到移动通信，数据通信和通信关联的主要领域，是君临日本通信界的巨人。然而，今天的通信事业正掀起世界规模的技术革新和企业改组的大变动，日本以及 NTT 也被卷入其中。NTT 发端于国营事业，并经历了长期的垄断时代，而后虽有新“电电”（1985 年实行通信自由化，新加入的旧第一种类型的电气通信事业者的总称）的进入但电话电信事业仍占有重大比率。但是，在世界性的电话公司改组的背景下，从固定电话转变到移动电话，从以通话为中心到画像、动画等大容量数据通信，以及信息传递的方法和内容等的巨大变化中，NTT 在日本通信市场的地位也随之发生变化。

手机的发展

一家一台电话曾是人们的理想，而今天进入了人手一台的时代。众所周知发生这样的变化是因为手机的普及。其中，特别值得关注的是手提电话市场占有率居首位的 NTT 子公司的 NTT docomo，在开发新服务和开拓新市场方面做出的努力。可是，手提电话市场并没有出现像固定电话那样 NTT 绝对市场占有率的现象。

现在，手提电话市场还在不断扩大，受其影响固定电话市场呈缩小倾向。由于只持有手提电话而没有设置固定电话的单身人士的增加，引起固定电话契约数的减少。再加上随着性能高、更方便的手提电话使用人数的增加，固定电话通信的营业额也在不断下降。

因特网的常态连接

在数据通信领域，利用 ADSL* 或光通信的因特网的常态连接成为主体，由于许多新型企业纷纷加入这一领域等因素触发了价格竞争。在这一领域，NTT 虽占有一定的市场规模，但并不具备支配市场价格的市场影响力，且受其他公司战略的影响。

* 非对称的数码利用者线(Asymmetric Digital Subscriber Line)，是利用传送电话声音不使用高频带进行数据通信的方法。一般是利用电话线路，但因所使用的频率带的电气信号劣化显著，能使用的电话线的长度只限于短距离。可是，由于利用了普及于一般家庭的电话线，不但省事而且使用费也比较便宜，因而普及迅速。

IP 电话的展开

现在利用高速线路实现常态连接的因特网已一般化，使用这些因特网线路的 IP 电话(Internet Protocol－Phone)，以低通信费为亮点扩大了市场规模。IP 电话，多为和因特网常态连接业务一起同时提供服务，因此，新加入的因特网常态连接服务公司等积极参与提供。一方面，NTT 的收入大部分依存于固定电话的基本费和通信费，像原有的固定电话，依距离远近确定费用。而 IP 电话打到全国任何地方费用都一样，这种廉价的价格体系对固定电话来说是一种威胁。因此 NTT 处于没有积极地推行其普及活动的状态。

然而，对于使用者来说，日本国内通话费一律约 3 分钟 10 日元，这种 IP 电话的费用体系非常有魅力，规模正迅速扩大。

从电信到电话·从电话到因特网

让我们回顾一下电信电话的历史，首先从电信服务开始，之后发展到电话服务。就电话来说，由声音通话逐渐演变到数据通信，即通信事业进入到利用因特网进行信息交换占有重要地位的时代。

虽然实现了民营化但政府的持股比率仍然很高，作为特殊法人的 NTT，1999 年的再次重组之后仍有进行第 2 次改革必要性的议论。比如，与因特网的普及和网络通信先进国家相比较落后的原因之一是，拥有巨大企业规模的 NTT 线路使用费设定过高。还有，虽然 NTT 在电气通信技术开发方面取得了重大成果，但在经营体制方面有待进一步合理化。另外，作为特殊法人的 NTT，有义务提供全国统一标准的服务，但在集团内部有必要引进相互竞争关系等。为此，政府也对 NTT 制定了地区通信网的开放和进一步合理化等内容的改革方案。

推进信息和播放融合的趋势会进一步深化，可以预测，日本通信行业今后将发生再次重组*。为适应需求的变化而开发出来的新型技术的通信革命，迫使拥有大量既存设备，和以旧态通信业务为主体的 NTT 进行第 2 次改革。

* 2000 年，第二电电 DDI、国际电信电话 KDD、日本移动通信 IDO 三个公司合并诞生了股份公司 DDI（后改称 KDDI）。KDDI 拥有长途及国际电话、数据通信、手机和 PHS 业务，随着放宽限制新增加了市内通话业务。KDDI 成为继 NTT 的第 2 大规模参与所有通信业务的巨大通信企业集团。

2004 年，日本 TELCOM 成为 Softbank 的子公司。2006 年，Softbank 又收购了 Bordphon 日本法人。这样 Softbank 也正在为成为巨大的通信集团，规模也在不断扩大。

8、Seven & I Holdings（Seven &I 控股）

世界最早的大型综合零售业集团是怎样诞生的？

Seven & I Holdings 是支配伊藤洋华堂(综合超市)、7—11 便利店、西武百货店和 SOGO 百货(百货商店、千禧零售集团)、约克红丸超市和约克商业中心(超市)等日本最大的、世界屈指可数的零售业集团。可是,知道这个企业名字的人却寥寥无几。

Seven & I Holdings 是 2005 年 9 月刚刚成立不久的新公司。在此之前,以伊藤洋华堂为中心,已经形成了集团。可是,由于作为综合超市的伊藤洋华堂的业绩不振,而身为子公司的 7—11 便利店的业绩扩大,于是在集团内部就产生了母公司和子公司之间股票市值总额逆转等种种问题。

因此,设立了控股公司 Seven & I Holdings。在其支配下,伊藤洋华堂及其下属企业(7—11 便利店等)加入其中,至此为止母公司与子公司的关系转变为兄弟关系。并且又有将西武百货店和 SOGO 纳入旗下的千禧零售集团的新加入,而成为了综合流通集团。

伊藤洋华堂

Seven & I Holdings 的核心,也可以称其源流是伊藤洋华堂。该公司是日本屈指可数的综合超市。所谓综合超市,是指经营从食品到服装的各个方面,在日本常见的一种经营方式。

伊藤洋华堂的前身是 1948 年成立的合资公司洋华堂。当时,只是经营一个创业店铺,公司职员 2 人,5 坪,年销售额 3,000 万日元的店铺。此后,1958 年 4 月以资本金 500 万日元成立了股份公司洋华堂*。但当时的店铺只经营服装、洋品杂货,是一个百货商店指向型强的店。但是,1960 年 6 月引入顾客自选的无人售货方式,转向超市型的多品种经营,1966 年也开始经营新鲜食品。

* 股份公司洋华堂在 1971 年并入股份公司伊藤洋华堂(原来的川越大楼股份公司),成为股份公司伊藤洋华堂。

1961 年开始采用正规连锁政策,开始发展多家店铺。而开始展开多店铺就需要成立新店的资金,于是欠债像雪花般不断增多。因此,从 1966 年开始,该公司不再拥有店铺,而是以租店铺营业的租赁方式成立新店。之后,采取了以租赁方式为基本的建店战略。

依靠租赁方式成立分店，可以说是适合在以高地价的东京为创业地的伊藤洋华堂的方式。因为当时的伊藤洋华堂，不能说是知名度很高的零售业，所以信赖该公司出赁土地的地主，仅局限在东京周边。为此以关东为中心开设分店，形成了该公司地域集中设店的特征，构造了相对高效率的连锁基础。像这样，由于是以租赁方式开办分店，增强了该公司的财务素质，甚至形成了实质上无欠债的经营。将灵活构思的策略运用于经营之中，不只是零售业最重要的顾客对策，还在和交易户在对等立场上维护其良好关系方面，采取了独自的政策。

这样，通过高密度设立店铺而形成地区优势的地域集中和依靠租赁方式增强了财务素质，再加上和顾客、交易户的友好关系成了伊藤洋华堂的发展基础。

此后，从关东地区到北海道、东北，从中部到关西地区，扩大了店铺经营网，在全国范围展开了经营活动。事业领域也如下文所述，除了便利店和餐饮业等外，同时也向体育、文化设施、旅行等服务事业和消费者金融等多样化发展。

日本 7—11

7—11 是在世界拥有约三万家分店店铺网的便利店。

日本 7—11 是根据 1973 年 11 月和美国南方公司（现 7—11，Inc.）签订的有效作用区以及许可合同，作为约克七公司而成立的。在人们还未曾知道便利店存在的 1974 年，在东京江东区丰洲设立了日本 1 号店，第二年开始 24 小时营业。1978 年将公司改称为日本 7—11。

1982 年，由于引进 POS（销售时刻信息管理）系统，商品管理变得更加简单容易。现在，POS 系统被许多零售业用于商品管理，但是最初引进，并引起流通革命的是该公司。

从 1987 年开始受理东京电力股份公司的电费收纳业务起，之后开展了收取公共费和各种使用费、钱款、汽车赔偿保险、“宅配便”（门到门的小件货物配送的送货服务）、网络销售书籍的交付等，窗口服务更加多样。

1991 年，日本 7—11 取得了作为世界 7—11 大本营的美国南方公司的股票，将其收入旗下。至此，从在日本的加盟店地位变成了世界 7—11 的本部。

2003 年，店铺数超过 1 万家，并继续增长。2004 年，设立合营公司"7—11 北京有限公司"，开始在北京地区设店。

Seven 银行

2001 年，伊藤洋华堂和日本 7—11 共同设立 IY 银行（现 Seven 银行），以 7—11 为首开始对伊藤洋华堂等集团店铺的 ATM 设置。ATM 设置台数规模超过 1 万台，此外在伊藤洋华堂店铺内也设置了有工作人员的店铺，促进了网络的扩大。

Seven 银行的 ATM，能使用很多其他银行的银行卡，在便利店或超市内设置 ATM，对顾客来说非常方便。对同一集团来说不仅可得到手续费收入，而且与提高店铺汇集顾客能力方面也密切相关。这是一种设想在购物的同时顺便利用银行或利用银行同时顺便买东西的消费者行为的战略。

通过互联网、移动电话、固定电话进行交易一开始就被利用，现在正朝着成为新时代金融机构的目标发展。有工作人员的店铺被期待着可以发挥其把握顾客需要的"天线、店铺"的作用。

其他的多样化

伊藤洋华堂在 1973 年设立了股份公司日本肘尼斯，进入了餐饮业。从 1974 年家庭西餐"肘尼斯"第 1 号店开张以来，发展了以关东、中部地区为中心的连锁店。采用所有者提供建筑物，肘尼斯进行内部装饰等店铺设备和经营的租赁方式，增加了店铺数，有超过 600 家店铺之势。

作为新的多样化经营，日本 7—11 在 2000 年设立从事电子商业交易（EC）事业的股份公司 7 Dream. com，从 7 月开始服务。同样的事业还有专门用于图书、杂志、CD、DVD 等的网络店铺 7 and Y。通过互联网的主页进行商品购买和支付费用，可以在 7—11 的店铺进行。对 7—11 来说，可以期待通过增加顾客访问店铺的次数来带动销售额的增加，并且也可以期待手续费方面的收入。同时，对利用者而言也有这样的好处，可以 24 小时在任意时间内自由选择店铺收领商品和支付货款。

千禧零售集团

千禧零售集团是以大百货商店——西武百货店和 SOGO 为中心的零售业集团。2003 年 6 月股份公司十合、股份公司 SOGO、股份公司西武百货店在控股公司千禧零售集团下，进行了经营合并。

西武百货店

西武百货店以 1940 年在东京池袋开业的武藏野百货商店为起点。1949 年变更商号为股份公司西武百货店，在堤清二的领导下，在各地开设分店，扩大了百货店事业。分店因为规模小被称作为西武商店，1956 年设立股份公司西武商店，开始小规模店铺的经营。从 1963 年开始，改称股份公司西友商店（1983 年股份公司西友），开始正式发展超市连锁店，并将店铺网扩展到关西、长野等地。形成了以百货商店和超市为两大支柱，由购物中心股份公司 PARCO、股份公司池袋购物公园（Shopping Park），以及便利店股份公司家庭商业中心（FamilyMart）等组成的西武流通集团。

并且，扩大了食品事业、餐馆事业、休闲娱乐事业、直升飞机事业、城市开发事业、消费者金融事业、信用卡事业、人寿保险事业、损害保险事业、专家集团事业的事业范围，1985 年集团改名为西武 SEZON 集团。

1990 年改名为 SEZON 集团，但正好赶上泡沫经济崩溃，进行不动产投资的城市开发事业等部门发生巨额不良债务，集团陷入了经营危机。堤清二引咎辞去总裁，之后为处理集团的负债提供了巨额的个人财产。在继续努力重建经营中，通过就任破产后的股份公司 SOGO 特别顾问原西武百货店公司总经理和田繁明，2001 年和 SOGO 缔结了业务合作，2003 年形成了千禧零售集团。

SOGO

股份公司 SOGO 是从江户时代开始经营衣料的老铺子，1919 年改组为股份公司十合布庄（'股份公司十合吴服店'，1940 年股份公司十合、1969 年股份公司 SOGO），是以大阪、神户为经营中心的百货商店。1957 年在东京有乐町设店，此后在关东、西日本通过子公司也开设了店铺，发展为大百货商店集团。

20 世纪 90 年代，由于土地投资失败而发生不良债务，经营失败。2000 年申请适用民事再生法，事实上倒闭了，半数以上的子公司（店铺）关闭整理。13 家公司的重建计划得到认可，纳入休眠状态的股份公司十合旗下，并在 2002 年将各公司合并于股份公司 SOGO 。于 2003 年纳入千禧零售集团旗下。

Seven & I Holdings（Seven &I 控股）

2005 年 9 月，伊藤洋华堂和日本 7—11 设立了控股公司股份公司 Seven & I Holdings（Seven &I 控股），使经营的统一化战略得到了加强。紧随其后，同年 12 月发表了 Seven & I Holdings（Seven &I 控股）和千禧零售集团的经营合并。2006 年，千禧零售集团的股份为 Seven & I Holdings（Seven &I 控股）全额所有，两控股公司所有的相关企业出现了在综合性的战略下经营的体制。

以网罗了综合超市、便利店、百货商店、超市的综合零售业为核心，将餐馆、金融服务、IT 关联服务、专业营业情况部门等纳入旗下，诞生了日本最大的、世界屈指可数的综合零售业集团。

通过开展多行业经营战略的相乘效果（Synergy）能在多大程度上得以发挥这一点上，被广泛关注。

终　章

全球化与企业

今后的日本企业应该向怎样的道路发展？

全球化的进展

20世纪90年代起，世界经济进入了全球化时代。社会主义阵营的国家开始推行市场经济，亚洲各国对通过直接投资引进先进技术的态度也积极起来，这些使得国与国之间的经济壁垒被打破，资本、技术、技术人员的交流也活跃起来。

日本企业也接受以往由于产品出口引起贸易摩擦的经验教训，开始转向当地生产，进行直接资本投资。以80年代后半期的日元升值为契机，日本面向海外投资变得积极踊跃。从表5-1可以看到，从1989年度到2004年度的16年间，来自日本的直接投资累计为48,774起，金额达到了超过87兆日元的规模。其中投向北美和欧洲的占大多数，但对亚洲的投资也在迅速增加。

从向海外投资的行业种类来看，如表5-2所示，金融/保险业、服务业、不动产业等非制造业领域的投资虽然很大，但是制造业累计达16,713起，金额达31兆日元。在制造业当中，电气机械所占最多，其次是运输机械。

表 5-1 **按地域划分的直接投资累计**

(1989～2004 年度合计)

地域	件数(件)	金额(亿日元)
北美	13,356	332,331
中南美	4,303	98,520
亚洲	16,424	151,414
中近东	101	3,121
欧洲	11,387	243,198
非洲	562	7,251
大洋洲	2,641	40,038
合计	48,774	875,873

注:根据财务省资料整理而得。

表 5-2 **按行业种类划分的直接投资累计**

(1989～2004 年度合计)

行业种类	件数(件)	金额(亿日元)
食品	1,158	30,673
纤维	2,514	9,298
木材・纸浆	556	6,738
化学	1,653	44,145
铁・非铁	1,680	22,249
机械	1,741	24,796
电气机械	2,997	89,942
运输机械	1,718	52,429
其它	2,696	31,036
制造业小计	16,713	554,982
支店	347	9,584
合计	48,774	875,872

注:根据财务省资料整理而得。

对中国(包括香港)的投资情况如表 5-3 所示。16 年间共投资 7,067起,累计超过 5 兆日元。总的来看,面向制造业的投资超过了非制造业。从行业种类上看,商业最大,其次是电气机械、金融/保险业、运输机械等。面向中国的投资额在 2004 年度超过了面向美国的投资额,中国成为世界上第 2 大投资对象国*。

* 最大的对象国是金融/保险业投资额非常大的荷兰。

表 5-3 对中国的直接投资累计

（1989～2004 年度合计）

行业种类	件数(件)	金额(亿日元)
食品	308	1,562
纤维	1,435	2,528
木材	80	359
化学	321	2,106
铁・非铁	396	2,515
机械	397	3,453
电气机械	697	6,980
运输机械	352	4,859
其它	748	3,707
制造业小计	4,734	28,069
商业	784	7,424
金融・保险	254	5,410
服务业	498	4,189
运输业	153	983
不动产业	388	2,912
其它	173	1,223
非制造业小计	2,250	22,141
支店	83	1,439
合计	7,067	51,650

注:根据财务省资料整理而得。中国和香港地区的合计数值。

全球化和日本式经营

60 年代中期,由于贸易和资本的自由化,日本开始转变为开放式经济体制的时候,人们开始担心海外的进口压力和外资进入国内会给日本经济带来不好的影响。可是日本企业的竞争力很强,并没有发生之前担心的事态,反而加深了与世界经济的关系。在商品贸易方面,出口结构从家电产品、小轿车等耐用消费品出口发展为机械、机械零部件等生产物资更高层次的出口。在资本交易方面扩大了对海外的直接事业投资，使日本企业迈向了国际化。

日本企业向海外进军有很多动机，根据时期和对象地点的不同其动机也不同。20世纪80年代，为了回避贸易摩擦和应对日元升值风险，日本企业向欧美地区发展的现象比较突出。到了20世纪90年代，为谋求低人力资源成本开始增加向亚洲地区的投资，而这种趋势最终发展为面向当地急剧扩大的市场而开展当地生产，又进而发展为以将其产品出口日本等国为目的在当地建设工厂。

日本企业有着被称为日本式经营的独特的经营方式和生产方式。它使得日本企业拥有很高的国际竞争力，但是在世界各地开展事业的时候，企业不得不下功夫不断地将这种经营方式调节为适合当地企业环境的形式。

日本式经营最大的特点之一就是使员工和企业拥有一体的感觉，从而调动起较高的劳动积极性。为了达到这个目的，日本企业有被称为三大法宝的终身雇佣制、年功序列工资制（"年功序列"）型工资体系和隶属各企业的工会组织（企业工会）这三项制度。虽然这些制度原封不动地用在国外的当地企业比较困难，他们仍然努力尝试用其它方法提高员工对企业的信赖感和热爱之心*。

* 在管理者和技术人员（白领）与现场劳动者（蓝领）的差别很大的国家，有时会利用开设两者共享的员工食堂，提供畅谈会的机会等增加相互之间的信赖感。另外，共同探讨如何"改善"现状，还广泛地开展"提建议"制度，虽然无法达到 QC circle（Quality Control Circle）的程度，也取得了良好的效果。

从雇用时间较长的员工中选拔中层管理者和高层管理者也能够提高员工对企业的归属感，这一点由于通过教育和训练对员工进行技术培养要花一定的时间，短期内无法实现，所以很多企业认识到中层管理人员不足是当地企业存在的一个问题。

日本式生产方式在当地生产中被采用的事例也很多。它以库存最小最适当化方法为核心，作为生产技术有一定的普遍性。尽管如此，相关联的零部件的调配体制如果不完备，Just in Time 方式仍然比较难以实现*。

＊ 工厂所在地的当地政府也曾作为一项政策要求日本企业提高相关零部件的当地调配率，这对于企业控制成本也是非常理想的。因此，以从系统内零部件企业调配为特征的日本企业，在进入外国当地时也会促使国内零部件企业在当地开展生产，以达成与国内同样的调配方式的情况很多。

对于作为日本式生产方式的另外一个特征的高度的质量管理技术，企业也努力将"质量在现场制作形成"这一方式应用到当地工厂。为了将成本意识渗透到基层，企业也举行 QC circl（QC 小组）等全体员工参加的活动。尽管如此，却仍然很难达到依靠通过岗位轮换（Job Rotation）训练出（的）多技能工从而实现彻底的现场质量管理的层次＊。实际上还通常需要配置比日本工厂多的工序之间的检查员来检查不良产品。

＊ 在欧美，实行的是按照工种划定薪水的制度，劳动者的工作（Job）范围界定得非常明确，因此对工作岗位轮换制度的抵抗非常严重。在这一点上，亚洲的工厂相对来说比较适合培养多技能工人，但是教育过程需要花费相当长的时间。

日本企业在国内的工厂非常热衷于自动化和机器人化，可是在海外的工厂却有不适合推动此项发展之处。本来技术改革的动机是为了降低劳动力成本，一旦可以雇佣到低工资的劳动者，那么节省设备投资就成了经营战略的一个备选项。而且从招商方的意向来看，比起自动化工厂，能创造更多就业的工厂似乎更受欢迎。在工资较高的欧美，自动化虽说比较理想，但是由于这会缩小用工，因此会遭到劳动工会的强烈反对。

全球化与日本企业

在全球化大潮中日本企业积极地尝试向海外发展，很多企业取得了成功。可是人们也很担心将生产基地从日本转移到海外会给日本带来产业空洞化，特别是又受到经济长期不景气的影响，与国外企业雇佣的增加刚好成反比，日本国内企业的雇佣呈现了减少的倾向。虽然有必要通过全球化调整产业结构，这也是理所当然的事情，但国内雇佣持续减少也不是人们所希望的。向海外发展的企业也很少有打算把生产基地全面转移到海外的。一度也曾出现过是否可以仅把研究开发部门留在日本,生产部门都转移到海外这一战略性问题的讨论。可是,两个部门的关联性很深,而且在空间上一体化运营效率会更高的判断成为主流。以制作产品见长的日本企业应该不会选择离开日本基地。

这样一来,海外工厂的定位就成了一个大问题。特别是为了开发迎合当地需求的产品,在当地进行研究开发理应效果会更好。当地也希望技术转移能够发展到研发阶段。随着与当地关系的加深,企业的经营就不是以短期的劳动力成本和当地需求为目标,而是追求长久持续的事业活动,即所谓的企业的当地化。应该把可称为企业的根本的研发机能在多大程度上当地化,这对向海外发展的企业来说是很难做出抉择的战略判断。

总之,日本企业的海外事业并不仅仅以盈利为目的,通过创造就业和转移技术来增加当地利益也是被要求的目的之一。当今的时代已经不是能够允许像过去帝国主义殖民地企业那样仅以掠夺资源、劳动力和产品市场为目的进行企业经营的时代了。只有通过为当地的利益做贡献,日本企业才能够在当地生根发芽。

向可持续发展努力

日本企业擅长的技术领域中包括节能、节省资源、消除公害以及环境保护。自从经历了对 20 世纪 70 年代石油危机的应对和对公害问题的处理,在不断地改良过程中掌握的这些技术已达到了可以在世界上引以自豪的水准。

全球化加速了包括后发地区在内的经济增长的同时,地球资源的枯竭和环境破坏问题也日益严重。伴随着人口增长的世界经济成长,人们期待着能够寻求在与资源和环境的协调中,实现可持续性发展(Sustainable Development)的道路。

日本企业如果能够促进这些技术向海外转移,向可持续性发展道路前进的可能性一定会大大增加。为了呼应中国在新的汽车产业发展方向上对节约资源技术的重视,日本企业决心提供混合发动机技术,这将成为今后日本企业应走之道的良好范例。以水资源为代表的各种循环再利用技术也变得越来越重要。

如果日本企业通过对可持续性发展的贡献,起到增进当地利益的作用的话,日本在海外的事业活动一定会在获得好评的同时在当地生根发芽。

后 记

有缘在南开大学滨海学院担任了《日本商务》的授课，正为没找到适当的教科书发愁时，"何不编辑新教材?"，我从南开大学滨海学院的潘雪辉教授的谈话中得到了启发，出于教学方便之考虑，又针对中国学生对《日本商务》书籍的需要，开始构思并着手编辑本书。

在出版方面，通过潘教授的搭桥获得了南开大学出版社的支持，并且得到了南开大学滨海学院的出版赞助。在这里，对南开大学滨海学院院长为首、为本书出版提供帮助的有关人员表示衷心地感谢!

在编辑本书的过程中，因个人能力有限而借助了诸位的协力，故本书是多人共同合作的成果。

本书是为中国学生所编辑的教科书，因此特意邀请了南开大学商学院的李维安院长、南开大学日本研究院的杨栋梁院长、东京大学的原朗名誉教授和青山学院大学的三和良一名誉教育为本书监修。关于撰稿，邀请了自己所熟悉的研究人员和从事实际业务的友人参加(请参照执笔者一览表)。他们对突如其来的请求仍能痛快地应承接受，为此感激不尽。

在本书的编辑过程中，承蒙各方的协助，虽不能在此一一道谢，但对于南开大学外语学院的王健宜院长、南开大学外语专家富山浩子老师和天津外语学院的阎美芳讲师所给予的大力协助还是格外感激。另外，南开大学出版社的张华和张彤为本书出版做了大量的工作。一并致谢。

对参与本书工作的所有人员，在此表示感谢。

2006 年 7 月

于南开大学

编者者　三和元

参考文献

著者	書名	出版社	出版年
序章　日本的経営とは?			
三和良一、三和元	父と子が語る日本経済	ビジネス社	2002年
ロナルド・ドーア（藤井眞人訳）	日本型資本主義と市場主義の衝突	東洋経済新報社	2001年
森一夫	日本の経営	日本経済新聞社	2004年
第一章　企業の歴史			
宮本又郎、阿部武司、宇田川勝、沢井実、橘川武郎	日本経営史	有斐閣	1995年
安部悦生	経営史	日本経済新聞社	2002年
三和良一	概説日本経済史一近現代（第2版）	東京大学出版会	2002年
第二章　企業と法			
神田秀樹	会社法入門	岩波書店	2006年
岸田雅雄	ゼミナール　会社法入門	日本経済新聞社	2006年
伊藤　真	倒産法	弘文堂	2006年
菅野和夫	労働法	弘文堂	2005年
第三章　企業の経営			
榊原清則	経営学入門　上・下	日本経済新聞社	2002年
井原久光	テキスト経営学—基礎から最新の理論まで	ミネルヴァ書房	2000年
伊丹敬之，加護野忠男	ゼミナール 経営学入門	日本経済新聞社	2003年
石井淳蔵	ゼミナール マーケティング入門	日本経済新聞社	2004年
砂川伸幸	コーポレート・ファイナンス入門	日本経済新聞社	2004年
井手正介，高橋文郎	経営財務入門	日本経済新聞社	2006年

井原久光	ケースで学ぶアカウンティング	ミネルヴァ書房	2005年
橋本寿朗、長谷川信、宮島英昭	現代日本経済(新版)	有斐閣	2005年
石井寛治編	近代日本流通史	東京堂出版	2005年

第四章　ケース・スタディ

佐々木　聡	日本の企業家群像	丸善	2001年
経営史学会編	日本経営史の基礎知識	有斐閣	2004年

索 引

B

C

D

F

G

H

J

K

L

M

N

O

P

Q

R

S

T

W

X

Y

Z